中华优秀传统文化是炎黄子孙共同的精神家园

庄子选译

马美信 译注
章培恒 审阅

古代文史名著选译丛书
（珍藏版）

主编 章培恒 安平秋 马樟根

凤凰出版社

图书在版编目（CIP）数据

庄子选译 / 马美信译注. -- 南京 ： 凤凰出版社，
2017.1
（古代文史名著选译丛书 ： 珍藏版 / 章培恒，安平秋，马樟根主编）
ISBN 978-7-5506-2469-6

Ⅰ. ①庄… Ⅱ. ①马… Ⅲ. ①道家②《庄子》—译文③《庄子》—注释 Ⅳ. ①B223.5

中国版本图书馆CIP数据核字(2016)第257397号

书　　名	庄子选译
主　　编	章培恒　安平秋　马樟根
译 注 者	马美信
责任编辑	卞　岐
装帧设计	姜　嵩
出版发行	凤凰出版传媒股份有限公司 凤凰出版社(原江苏古籍出版社) 发行部电话025-83223462
出版社地址	南京市中央路165号，邮编:210009
出版社网址	http://www.fhcbs.com
照　　排	江苏凤凰制版有限公司
印　　刷	苏州市越洋印刷有限公司 苏州市吴中区南官渡路20号　邮编:215104
开　　本	850×1168毫米　1/32
印　　张	6.875
字　　数	143千字
版　　次	2017年1月第1版　2017年1月第1次印刷
标准书号	ISBN 978-7-5506-2469-6
定　　价	31.00元

(本书凡印装错误可向承印厂调换，电话:0512-68180638)

目 录

前 言

春秋战国时期是我国思想史上的“百家争鸣”时期，出现了很多思想家，形成了众多学派，对后世产生了深远的影响。其中影响最大的，是儒、道、法三家。儒家在大多数时间都是我国古代社会的主流派；法家在秦代曾成为统治思想，秦代以后虽失去了原有的显赫地位，但一直是统治阶级治理国家、镇压人民不可或缺的工具；道家的情况比较复杂，它有时与儒家、法家相辅，有时又与之相对抗，三国时魏的文学家阮籍在《大人先生传》中批判“坐制礼法，束缚下民”的现象，就是以道家思想来否定儒、法二家的一例。

道家思想的奠基人是春秋战国时期的老子和庄子。

老子到底是谁，在学术界还有不同的意见，若以较为通行的看法为依据，老子是楚国苦县(今河南鹿邑东)人，生活于春秋时期，孔子曾向他请教关于礼的问题。他所著的《老子》，也称《道德经》，倡导自然，并能注意到事物发展的辩证关系。他把“道”作为万物的本源，并明确提出：“道法自然。”但他所谓的自然，主要是指事物的原始状态。从这个角度看，礼与法固然是反自然的，社会进步所取得的一切成果也大都是反自然的，因为那也打破了事物的原始状态。所以他一再提倡“朴”：“见素抱朴，少私寡欲。”“化而欲作，吾将镇之以无名之朴，无名之朴夫亦将无欲，无欲以静，天下将自定。”这就是说，如能保持事物的原始状态，天下就能安定，否则就将造成灾害。因此，他之注意事物发展的辩证关系，也就是经常看到进步和进取所带来的副作用，以及柔弱、退守的好处：“五色令人目盲，五音令人耳聋，五味令人口爽（伤）。”“民之难治，以其智多，故以智治国国之贼，不以智治国国之福。”“绝圣弃智，民利百倍。”“曲则全。枉则直。洼则盈。敝则新。少则得。多则惑。”也正因此，他主张“无为”，也就是说，不但不能以行动来改变事物的原始状态，使之进步，而且要把现有的一些进步也废弃掉，以回到原始状态。因而他幻想恢复“小国寡民”、“邻国相望，鸡犬之声相闻，民至老死不相往来”的局面，而且把已有的文字也废除，“使民复结绳而用之”。他之所以提出这样的意见，可能是因为看到了在社会发展过程中人民所受到的压迫，他认为当时的统治者实是“朝甚除（宫殿修饰得很好），田甚芜，仓甚虚，服文彩，带利剑，厌饮食，财货有余”的“盗竽”——盗魁，从而必然要引起人民的反抗和天下的动乱，“民之饥，以其上食税之多，是以饥。民之难治，以其上之有为，是以难治。民之轻死，以其上生生之厚（生活享受极好），是以轻死”（以上皆见《老子》）。这就是促使他向往上古社会的现实基础吧！

庄子的思想乃是老子思想的继承和发展。

庄子名周，一般认为其生年约为公元前 369 年，卒年约为公元前 286 年，战国时宋国蒙（今河南商丘东北）人，做过蒙的漆园吏。家贫，曾向监河侯（官名）借粟。关于其生平的材料保存下来的很少。在《庄子》一书中记及楚王用重礼聘请他为相，被他所拒绝的事，司马迁在《史记》中为庄子所写的传也有这一记载，当是根据《庄子》采入。但

《庄子》中有不少是寓言，楚王聘请他为相的事是否事实，很难确定。

《庄子》一书在汉代有五十二篇，到后世只剩下了三十三篇，计《内篇》七篇、《外篇》十五篇、《杂篇》十一篇。一般认为《内篇》是庄周所作，《外篇》和《杂篇》则掺杂了庄子后学的作品，《杂篇》中掺入得更多。不过从总体上来看，《外篇》和《杂篇》的基本观点与《内篇》是一致的。但有的篇中偶有一些段落是在该篇完成后又由别人窜入的，例如《外篇》的《天道》中就有这样的段落，那就未必跟庄子的基本观点一致了。

跟老子一样，庄子对当时的政治现实也很不满。他说："彼窃钩者诛，窃国者为诸侯，诸侯之门而仁义存焉。"(《胠箧》)在他看来，当时的现实是很不公平的，偷了点小东西就犯了死罪，但如把整个国家都盗窃过来，那就不但成了诸侯，而且还俨然成了仁义的化身。当时全国分为许多国家，"天子"名存实亡，所谓"诸侯"就是各国的统治者。这跟老子把当时的统治者视为盗魁，如出一辙。

正因如此，他对当时的道德观念也采取否定的态度。他认为：一切说得很好听的道德，都不过是为那些"窃国"的大盗服务的。"世俗之所谓知(智)者，有不为大盗积者乎？所谓圣者，有不为大盗守者乎？"(《胠箧》)为什么呢？因为智者、圣者设计出一套统治国家、管辖人民的制度和引导民众拥护这种制度，并自觉为之献身的道德，而大盗在窃取国家的时候就把这一切也都拿过去了，这一切就都成了为大盗服务的工具，所以他说：大盗"所盗者岂其国邪？并与其圣知之法而盗之"，"诸侯之门而仁义存焉，是非窃仁义圣知邪？"因而"圣知之法"不过是起着"守(卫)其盗贼之身”的作用罢了。他由此得出结论说：“圣人不死，大盗不止。”“绝圣弃知，大盗乃止。”“殚残天下之圣法，而民始可与论议。”（同上）这跟老子所说的“绝圣弃智，民利百倍”，也是同样的意思。

对于现实社会他既如此憎恶，在其心目中自有一个理想社会存在。《至乐》篇的一则寓言透露了其中的消息。那则寓言说：庄子到楚国去，在路上见到一个髑髅。庄子想让那髑髅复活，髑髅却托梦给庄子说：“死，无君于上，无臣于下，亦无四时之事，从然以天地为春秋，虽南面王乐，不能过也。”可见他所向往的，首先是一种没有君臣之别、不受束缚的生活。《养生主》说：“泽雉十步一啄，百步一饮，不蕲畜乎樊中。神虽王，不善也。”也就意味着泽雉宁可自由自在地过艰苦的生活，却不愿在樊笼中养尊处优。这种向往跟他的崇尚自然的观念是分不开的。在《齐物论》中，他提倡“天籁”：“夫天籁者，吹万不同，而使其自已也，咸其自取……”一切都按照自己的内在要求，自作自止，而不受外在的影响。既然如此，人在社会中生活自然也应该自己支配自己，而不应该听命于别人。他的倡导“天籁”，与老子的鼓吹自然也可谓异曲同工。

在这里也就形成了庄子特有的矛盾：一方面他不满现实，反对束缚，希冀“无君于上，无臣于下”的自由，但另一方面他却生活在一个等级森严的社会里，而且只做过漆园吏这样的小官，社会地位相当低，不得不承受种种束缚和压迫，如果他胆敢反抗，就必然会带来更大的不自由。为了从这样的困境中解脱出来，他为自己安排了一种独特的生活方式，也将老子的思想发展到了一个新的阶段。

在精神生活上，他追求自由而高昂的境界，鄙视凡俗。

在《庄子》的第一篇《逍遥游》中，他一开头就描绘了大鹏鸟的伟大而高傲的形象：

> 北冥有鱼，其名为鲲。鲲之大，不知其几千里也。化而为鸟，其名为鹏。鹏之背不知其几千里也。怒而飞，其翼若垂天之云。……《齐谐》者，志怪者也。《谐》之言曰："鹏之徙于南冥也，水击三千里，抟扶摇而上者九万里，去以六月息者也。"野马也，尘埃也，生物之以息相吹也。天之苍苍，其正色邪？其远而无所至极邪？其视下也，亦若是则已矣。

鹏鸟硕大无比，在其鼓翼起飞时，海水激荡，狂飙怒涌，及其展翅天际，则下方的一切在其眼中都不过是春日的泽中游气和尘埃一样的渺小，整个下界只是模模糊糊的一片。这就是庄子所追求的精神境界的形象写照：广大、高远、自由，无可束缚也无可企及。这样的精神境界当然不能为一般人所理解，甚至还会招来讥笑。所以在《逍遥游》中又安排了蜩与学鸠两只小鸟对鹏的评论："奚以之九万里而南为？"意思是："它飞上九万里的高空，然后再往南飞，这是干什么呢？"接着，作者以十分轻蔑的口气斥责这两只小鸟说："之(这)二虫又何知？"

从这样的对于自由的追求出发，本来会无可避免地导致跟现存的社会秩序的冲突，但庄子却自有其避免冲突的捷径。在《齐物论》中说了这样的一件事：有一位得道者南郭子綦，像一块枯木头那样地坐着。颜成子游问他是什么缘故，他回答说："今者吾丧我，女知之乎？女闻人籁而未闻地籁，汝闻地籁而未闻天籁夫！"这回答的实际意思是：

“吾丧我”以后就达到了“天籁”的境界，也即符合了自然。说得更明确一点，就是：基于崇尚自然的观点，必然反对束缚而要求自由，但真正的崇尚自然，必须忘掉个人（“丧我”）而跟自然融为一体；个人既然已被忘掉，那就不存在受到束缚的问题，因而也就得到了绝对的自由。

打一个极端的比方：一个人全身都被绳索捆绑起来了，在通常情况下他当然会感到很不自由。但这种不自由的感觉实是因为他心里有“我”存在的缘故，比如吧，他觉得“我不能行动了”、“我的手被捆得发痛了”，等等；他如能做到“吾丧我”，心中根本没有了“我”，那就不再会有“我不能行动了”之类的感觉，也就不再会感到不自由，于是就永远可以“逍遥游”。这跟佛教所说的“破我执”实是类似的自我安慰。佛教认为人并无一个自我实体，如把“我”误认为实体，就是“我执”，一切烦恼皆由此生。必须“破我执”才能解脱。按照这种办法，一个人在内心可以获得绝对的自由，但在行动上却可以跟社会毫无抵触，因而非常安全。这一点是在《老子》的学说中找不到的，可说是庄子对老子思想的发展。

要达到这种“吾丧我”的境界是很不容易的，所以在《人间世》里提出了“心斋”。具体的办法是：“若一志，无听之以耳而听之以心，无听之以心而听之以气。耳止于听，心止于符。气也者，虚而待物者也。唯道集虚。虚者，心斋也。”这些话的具体意义，请参看本书的译文。大致说来，就是停止五官的作用，进而停止思维，使心也处于虚空之境。这大概跟练气功是差不多的。所以后来的道教把庄子作为他们的祖师之一，实在也不无道理。而在经过了这样的“心斋”以后，心里既已虚空无物，当然也就没有了

“我”。《人间世》里记载：颜回在得到了“心斋”的秘诀后，就感到“未始有回也”——颜回这个人本来是不存在的，跟南郭子綦一样地“吾丧我”了。

但是，要实行“心斋”也不容易，必须心平气和。一个人倘若生活在痛苦之中，练气功时就难免胡思乱想，心不大静得下来；即使是功夫较深的人，一天也至多坚持几个小时，要整天都“心止于符”就有点为难。所以庄子就想出了几个办法。首先是保护自己，免于痛苦。这绝不是要人积极地去防卫自己，而是消极地使别人不来摧残。《人间世》说：有一棵很大的栎树，因其木质不好，不能用来作任何器具，所以没人去砍伐它，它得以长期生存下去。这棵栎树说：凡是有用的，就不能“终其天年”，“予求无所可用久矣！几死，乃今得之，为予大用”。庄子在同篇中还进一步说：“山木自寇也，膏火自煎也。桂可食，故伐之；漆可用，故割之。人皆知有用之用，而莫知无用之用也。”这是老子的“曲则全”之类思想的引申，也即用退守的办法来保全自己。其次，他要求把人的物质欲望减少到最低限度。《至乐》篇说：世人都把身体安逸、吃好的食物、穿美丽的衣服、欣赏悦目的容颜色彩、听悦耳的音乐作为快乐；但要获得这些，就得花很多心力，得不偿失，所以不能算真的快乐。因此，真的快乐就是不要去争取这些，只要活得下去就行。这就是他说的“至乐活身，唯无为几存”，也就是老子的“少私寡欲”思想的发展。第三，尽管“少私寡欲”，痛苦却还是不能完全避免。说是“至乐活身”，但在“身”都“活”不下去的时候又如何呢？也有办法。庄子把老子的朴素辩证法加以充分运用，有时甚至发展到诡辩的地步，从而在对立的双方找到了共同点，有时甚至把二者混淆起来。《齐物论》说：“天下莫大于秋豪之末，而太山为小；莫寿于殇子，而彭祖为夭。”所以你即使很年轻就不得不死掉，你也可以觉得你已经活得比最长寿的彭祖还要久，从而快快活活地去死，不必感到痛苦和不平。换言之，在他的哲学里已经消融了快乐和痛苦的界限。第四，倘若有人过于执着，不能领会这种哲学的妙谛，那也有别的药方。《人间世》说：“天下有大戒二：其一，命也；其一，义也。子之爱亲，命也……臣之事君，义也。……为人臣子者，固有所不得已。行事之情而忘其身，何暇至于悦生而恶死！”这就已经跟儒家思想相通了。

所以，庄子的思想一方面是不满现实，反对束缚，要求自由，一方面却又能与当时的社会相安而不至形成对立。但就总体上来看，其思想的着眼点是在保存个人而不在为社会服务。《秋水》篇说：楚王派两个人去聘请庄子，要把国家的政事都委托给他。庄子对使者说：“听说楚国有只神龟，死了三千年了，楚王把它的骨头珍藏在庙堂之上。请问：这神龟是宁可自己死掉而让骨头受人尊重呢，还是宁可活着而让自己在泥中爬呢？”使者说：“它宁可活着在泥中爬。”庄子说：“那么你们请回去吧，我将在泥中爬行。”这也就说明了他是以保全自己为第一义的，因而在一般情况下，他的思想不能成为中国古代社会的统治思想。

也正是基于道家思想的这种复杂的情况，它在后世的社会里发挥不同的作用乃是很自然的事。如果强调其崇尚自然的一面，否定束缚人的制度和道德，把其对自由的要求引向实际的行动，那就会与儒家、法家等思想相对抗，魏晋时期的嵇康、阮籍等人就是在某种程度上使道家思想往这个方向发展的，严格说来，他们的思想已与老、庄有不小的区别，但如果强调道家思想的主张清心寡欲、善于自我安慰的一面，那就可以与儒家、法家思想相辅，实际上，宋、元理学提倡的“存天理、去人欲”，注重静坐，就是吸收了某些道家思想的。但无论就哪个方面来看，道家思想都是我国思想史上的重要学派，并在我国古代社会发展过程中发生了重大的影响，因而我们也就应该对它有所了解。

这部《庄子选译》，就是基于这样的想法而编选的。一共选了十一篇。前七篇出于《内篇》，接着的三篇出于《外篇》，最后一篇出于《杂篇》。其目的是将《庄子》思想中最主要的东西介绍给读者。至于哪些是庄子思想中的精华，哪些是糟粕，除了以上的说明外，在各篇的题解中也有所剖析。鲁迅在其文章中常引用《庄子》，但同时又说他自己“就是思想上，也何尝不中些庄周韩非的毒，时而很随便，时而很峻急”(《坟·写在〈坟〉后面》)。我想，这是一种很好的提示，既要吸取《庄子》中有用的东西，也要防止中毒。

本书所依据的底本，是《四部丛刊》影印明刊本《南华真经》，又根据学者的研究成果，对部分文字有所增删改动；为了避免烦琐，增删改动之处一般不出校记。在注释方面，除依据旧注外，也参考了今人的注释和译本。这篇《前言》和部分注释还吸取了章培恒先生的意见，谨此说明，并致谢意。

马美信

逍 遥 游

“逍遥”有行动自如、无所拘束、自由自在等含义。本篇就是对这种境界的赞美。可以说，追求逍遥是庄子思想的一个根本方面。他认为：达到了这样的境界，就能与天地混同一体，遨游在绝对的自由之中。但要做到这一点，却必须摆脱外在世界的束缚，不但自己不能参与到名利的争夺之中，而且还必须对外在世界毫无用处，这才能不受外界的干扰和侵害。这当然是一种不能实现的幻想，但却也间接地反映了战国时期动乱的社会带给人的心灵上的创伤，使得一些人渴望逃离社会。文中用许多小故事来阐述他的观点，这些小故事大多具有想象丰富、文字优美的特点，开头写鹏鸟的一段尤为突出。

一

北冥有鱼，其名为鲲。鲲之大，不知其几千里也。化而为鸟，其名为鹏。鹏之背，不知其几千里也。怒而飞，其翼若垂天之云①。是鸟也，海运则将徙于南冥②。南冥者，天池也③。

【注释】

①垂：挂。②海运：海动，指海水沸腾。海动必有大风，故鹏可以乘风南飞。③天池：天然形成的海域。

《齐谐》者①，志怪者也。《谐》之言曰："鹏之徙于南冥也，水击三千里②，抟扶摇而上者九万里③，去以六月息者也。"野马也④，尘埃也，生物之以息相吹也。天之苍苍⑤，其正色邪？其远而无所至极邪？其视下也，亦若是则已矣⑥。

且夫水之积也不厚，则其负大舟也无力，覆杯水于坳堂之上⑦，则芥为之舟；置杯焉则胶，水浅而舟大也。风之积也不厚，则其负大翼也无力。故九万里，则风斯在下矣，而后乃今培风，背负青天而莫之夭阏者⑧，而后乃今将图南。

【注释】

①《齐谐》：书名。②击：即激。③抟（tuán）：环绕，盘旋。扶摇：旋风。④"野马"三句：言如野马奔驰般的游气和尘埃，在生物微弱的气息吹拂下飘荡在空中。野马：春天的游气，其流动似野马奔驰。息：气息。⑤"天之"三句：指人在看天空时所产生的感觉。⑥若是：如此。这里是说，鹏从高处看下方，看到的就是游气和尘埃，因而产生像人在看天空时的那种感觉。⑦坳（ào）：凹。⑧夭阏（è）：阻拦。

蜩与学鸠笑之曰①：“我决起而飞，抢榆枋而止，时则不至而控于地而已矣，奚以之九万里而南为②？”适莽苍者③，三餐而反，腹犹果然；适百里者，宿舂粮④；适千里者，三月聚粮。之二虫又何知⑤！

小知不及大知⑥，小年不及大年。奚以知其然也？朝菌不知晦朔⑦，蟪蛄不知春秋⑧，此小年也。楚之南有冥灵者⑨，以五百岁为春，五百岁为秋；上古有大椿者，以八千岁为春，八千岁为秋，此大年也。而彭祖乃今以久特闻⑩，众人匹之，不亦悲乎！

【注释】

① 蜩（tiáo）：寒蝉。学鸠：即斑鸠。② 奚：何。以：用。之：往。为：疑问助词。③ 莽苍：草木之色，指郊野。④ 宿：隔夜。舂：用杵臼捣粮食。⑤ 之：此。二虫：指蜩与学鸠。鸟类动物在古时通称为虫。⑥ 知：通“智”。⑦ 朝菌：即朝秀，朝生暮死的小虫，形似蚕蛾。晦：夜。朔：早晨。⑧ 蟪蛄（huì gū）：寒蝉。它们春生夏死，夏生秋死，所以不知春与秋的区别。⑨ 冥灵：传说中的大树。⑩ 彭祖：相传姓钱名铿，封于彭城，活了七八百岁。闻：因有名而为人所闻知。

汤之问棘也是已①。汤问棘曰：“上下四方有极乎？”棘曰：“无极之外，复无极也。穷发之北有冥海者②，天池也。有鱼焉，其广数千里，未有知其修者，其名为鲲。有鸟焉，其名为鹏，背若太山，翼若垂天之云，抟扶摇羊角而上者九万里③，绝云气，负青天，然后图南，且适南冥也。斥鴳笑之曰④：‘彼且奚适也？我

腾跃而上，不过数仞而下⑤，翱翔蓬蒿之间，此亦飞之至也。而彼且奚适也？’”此小大之辩也⑥。

【注释】

① 汤：商朝的建立者，亦称天乙、成汤。棘：一作革，汤时的大夫。② 穷发：不毛之地，形容荒凉偏僻。③ 羊角：弯曲上升的旋风。④ 斥鴳：小池边的鸟雀，一说为鹌鹑。斥：小池。⑤ 仞：古代长度单位，相当于八尺，或说七尺。⑥ 辩：通“辨”，区别。

故夫知效一官①，行比一乡，德合一君，而征一国者②，其自视也亦若此矣③。而宋荣子犹然笑之④。且举世而誉之而不加劝，举世非之而不加沮，定乎内外之分，辩乎荣辱之境⑤，斯已矣。彼其于世，未数数然也。虽然，犹有未树也。夫列子御风而行⑥，泠然善也⑦，旬有五日而后反。彼于致福者，未数数然也。此虽免乎行，犹有所待者也⑧。

【注释】

① 知：智。效：功效，这里作胜任讲。② 而：古通“能”，能力。③ 其：指上面说的四种人。此：指前面提到的蜩、鸠、斥鴳。④ 宋荣：也称宋钘、宋轻，春秋时代的思想家。子：对男子的尊称。犹然：嬉笑的样子。⑤“且举”四句：指宋荣子的为人。大意为：不把世俗的称赞与非议看作光荣与耻辱，心中自有区别光荣与耻辱的标准。内：指自己。辩：通“辨”，分辨。⑥ 列子：姓列名御寇，春秋时代郑国的

思想家。⑦ 泠(líng)然:轻快的样子。⑧ 待:恃,依靠、依赖。有所待:这里指依赖于风。

若夫乘天地之正①,而御六气之辩②,以游无穷者③,彼且恶乎待哉④! 故曰:至人无己⑤,神人无功⑥,圣人无名⑦。

【注释】

① 正:常道,指自然之性。② 六气:指阴、阳、风、雨、晦、明六气。辩:通"变"。③ 无穷:指无限的时间与空间,即绝对自由的境界。④ 恶(wū):疑问代词,何,什么。⑤ 至人:庄子理想中修养最高的人。无己:消除物我界限。既然没有物我之别,也就无所谓自己。⑥ 神人:修养达到神化不测境界的人。无功:没有功用。一切都顺应自然,个人也就无功用可言。⑦ 圣人:深识万物事理的人。无名:没有名。《庄子》曾说:"名者实之宾也。"在实际上既已无己、无功,那还有什么名之可言?

二

尧让天下于许由①,曰:"日月出矣,而爝火不息②,其于光也,不亦难乎! 时雨降矣,而犹浸灌,其于泽也,不亦劳乎! 夫子立而天下治③,而我犹尸之,吾自视缺然。请致天下。"许由曰:"子治天下,天下既已治也,而我犹代子,吾将为名乎? 名者,实之宾也,吾将为宾乎④? 鹪鹩巢于深林⑤,不过一枝;偃鼠饮河⑥,不过满腹。归休乎君,予无所用天下为! 庖人虽不治庖，尸祝不越樽俎而代之矣⑦。”

【注释】

① 许由：传说中的隐士，居于箕山。② 爝火：小火，指烛火。③ 夫子：古时对男子的尊称。这里指许由。立：位，这里作动词用。“位”字最早本写作“立”。④ 名：名称，此处指天子之名。实：实体，事实，此处指治理天下的事务。宾：从属，外加的东西。实为主，名为宾，实在内，名在外。⑤ 鷦鹩：巧妇鸟。⑥ 偃鼠：又名隐鼠、鼢鼠，一种大田鼠。⑦ 尸祝：主持祭祀的人。樽：酒器。俎（zǔ）：肉器。这里指祭祀所用的樽、俎。

肩吾问于连叔曰①：“吾闻言于接舆②，大而无当，往而不返。吾惊怖其言，犹河汉而无极也，大有径庭③，不近人情焉。”连叔曰：“其言谓何哉？”“曰：‘藐姑射之山④，有神人居焉。肌肤若冰雪，淖约若处子；不食五谷，吸风饮露；乘云气，御飞龙，而游乎四海之外；其神凝，使物不疵疠而年谷熟⑤。’吾以是狂而不信也。”连叔曰：“然，瞽者无以与乎文章之观⑥，聋者无以与乎钟鼓之声。岂唯形骸有聋盲哉？夫知亦有之。是其言也，犹时女也⑦。之人也，之德也，将旁礴万物以为一，世蕲乎乱⑧，孰弊弊焉以天下为事！之人也，物莫之伤，大浸稽天而不溺，大旱金石流、土山焦而不热。是其尘垢秕糠，将犹陶铸尧舜者也，孰肯以物为事！”

【注释】

① 肩吾、连叔：均为传说中古代修道之士。② 接舆：春秋时楚国隐士。③ “大有”二句：“大有”句是对“不近”句的形容，是说他的话与人情的距离犹如径之与庭。径，门外路。庭，堂前地。两者相隔很远，互不相关。④ 藐姑射：藐，遥远的样子。姑射（yè），神话中的山名。⑤ 疵（cī）疠：疾病。⑥ 瞽（gǔ）者：盲人。文章：错杂的色彩或花纹。青与赤相配为文，赤与白相配为章。⑦ 时：是。女：汝。⑧ “世蕲”句：谓世人喜欢纷纷扰扰，争名夺利。

宋人资章甫而适诸越①，越人断发文身②，无所用之。尧治天下之民，平海内之政，往见四子藐姑射之山，汾水之阳③，窅然丧其天下焉④。

【注释】

① 章甫：殷代冠名。② 断发：剪短头发。古时以冠作首饰，须用长发系住。越人短发，所以不能戴冠。③ 汾水：黄河支流，在山西中部。阳：北岸。④ 窅（yǎo）然：茫然，怅然。

三

惠子谓庄子曰①：“魏王贻我大瓠之种②，我树之成而实五石③，以盛水浆，其坚不能自举也。剖之以为瓢，则瓠落无所容。非不呺然大也④，吾为其无用而掊之⑤。”

庄子曰：“夫子固拙于用大矣。宋人有善为不龟手之药者[⑥]，世世以洴澼絖为事[⑦]。客闻之，请买其方以百金。聚族而谋曰：‘我世世为洴澼絖，不过数金。今一朝而鬻技百金，请与之。’客得之，以说吴王[⑧]。越有难，吴王使之将。冬，与越人水战，大败越人，裂地而封之。能不龟手一也，或以封，或不免于洴澼絖，则所用之异也。今子有五石之瓠，何不虑以为大樽而浮乎江湖[⑨]，而忧其瓠落无所容？则夫子犹有蓬之心也夫[⑩]！”

【注释】

① 惠子：姓惠名施，战国时宋国人，曾任魏相，先秦名家学派代表人物。② 魏王：指魏惠王。因魏建都大梁，又称梁惠王。贻（yí）：赠送。瓠（hù）：葫芦。③ 石：容量单位，十斗为一石。④ 呺（xiāo）然：空虚巨大的样子。⑤ 掊（pǒu）：击破。⑥ 龟：通“皲（jūn）”，皮肤因寒冷或干燥而破裂。⑦ 洴澼（píng pì）：漂洗。絖（kuàng）：通“纩”，绵絮。⑧ 说（shuì）：用语言劝说别人。⑨ 大樽：酒樽形状的葫芦，可以缚在腰上游泳，谓之腰舟，如现在的救生圈。⑩ 蓬之心：如有蓬草蔽塞的心，即茅塞不通的意思。

惠子谓庄子曰：“吾有大树，人谓之樗[①]。其大本拥肿而不中绳墨[②]，其小枝卷曲而不中规矩[③]。立之涂，匠者不顾。今子之言，大而无用，众所同去也。”庄子曰：“子独不见狸狌乎？卑身而伏，以候敖者[④]；东西跳梁[⑤]，不辟高下[⑥]；中于机辟[⑦]，死于网罟[⑧]。今夫斄牛[⑨]，其大若垂天之云。此能为大矣，而不能执

鼠。今子有大树，患其无用，何不树之于无何有之乡⑩，广莫之野⑪，彷徨乎无为其侧，逍遥乎寝卧其下。不夭斤斧，物无害者，无所可用，安所困苦哉！”

【注释】

① 樗(chū)：臭椿树，落叶乔木，木质粗劣。② 大本：主干。绳墨：木匠用来划直线的工具。③ 规矩：木匠的工具，规划圆，矩划方。④ 敖：通“遨”，遨游。⑤ 梁：通“踉”。⑥ 辟：同“避”。⑦ 机辟：装有机关的捕兽器。⑧ 罟(gǔ)：网的通称。⑨ 斄(lí)牛：牦牛。斄亦作“犛”。⑩ 无何有：虚无。⑪ 广莫：广阔。莫，通“漠”。

【翻译】

一

北海有条鱼，它的名字叫鲲。鲲的巨大，不知道有几千里。变化成鸟，它的名字叫鹏。鹏的背，不知道有几千里。它奋起飞翔，其翅膀就像是挂在天边的云。这只鸟在海水翻腾激荡的时候，就乘着海风迁徙到南海。南海是一个天然形成的海域。

《齐谐》是一部记载怪异事情的书。这部书中说：“鹏往南海迁徙时，水被激起有三千里高，它环绕着旋风上升到九万里的高空，飞了六个月才停息。”野马般的游气，飞扬的尘埃，都是被生物的气息吹拂着在空中游荡。天色苍苍茫茫，究竟是它真正的颜色呢？还是由于它无限高远没有边际的缘故呢？大鹏朝下看，也不过是这样的吧。

水积聚得不深厚,那就没有力量负载起大船。倒一杯水在堂前洼地上,那就只能用小草来当它的船,放上一只杯子就粘住不动了,这是因为水浅而船大。风积聚得不雄厚,那就无力负载起巨大的翅膀。所以,鹏飞上九万里高空,积聚得很厚的风就在它的下面了,然后才开始凭借大风飞行。大鹏背负青天而没有什么可以阻碍它,然后才开始图谋飞往南海。

蜩和学鸠讥笑大鹏说:"我们奋力起飞,碰到榆树和枋树就停在树上,有时还飞不到树上,那么落到地面上去就是了,哪用飞往九万里高空再到南海去呢?"到郊野去,在那里吃三顿带去的饭就回家,肚子里还是饱饱的;到百里路远的地方,隔夜就要舂粮食;到千里路远的地方,要用三个月的时间来聚集粮食。这两只小鸟又怎么知道呢?

小智不能理解大智,小寿不能理解大寿。何以知道是如此的呢?朝菌不知昼夜交替,蟪蛄不知春秋季节的变化,这些都是小寿。楚国南方有一棵叫冥灵的树,把五百年当作一个春季,五百年当作一个秋季;上古时代有一棵叫大椿的树,把八千年当作一个春季,八千年当作一个秋季,这些都是大寿。然而只活了八百岁的彭祖,现在却以特别长寿出名,众人还都希望同他齐寿,不是太可悲了吗?

汤问棘的事就是这样的。汤问棘说:"上下四方有极限吗?"棘说:"无极之外,还有无极。在草木不长的北方有一个大海,是天然形成的大水域。那里有条鱼,身宽有几千里,没有人知道它有多长,它的名字叫鲲。那里有只鸟,它的名字叫鹏,背像泰山那么高,翅膀像天边的云,环绕着强烈的旋风上升到九万里高空，穿越云层，背靠青天，然后计划朝南飞，将到南海去。斥鴳讥笑大鹏说：'它将飞到哪儿去呢？我腾跃起飞，不过飞到几丈高就落下来了，在蓬蒿之间盘旋飞舞，这样也就达到了飞翔中最得意的境界。而它还想到哪儿去呢？'"这就是小和大的区别。

那些才智可以当一个官，品行可以使一乡的人都与他亲近，德性可以投合一个君主的心意，能力可以获得一国信任的那些人，他们看自己，也就和这些鴳雀一样。而宋荣子却讥笑这些人。像宋荣子这样的人，全社会赞扬他，他也不会受到激励；全社会都否定他，他也不会沮丧。他能认定自我和外物的区别，辨别光荣和耻辱的界限，但他也仅能做到这个样子罢了。像他这样的人在世上是不多的。尽管如此，他还有东西没有树立起来。列子乘风而行，飘飘然轻妙极了，遨游十五天后再返回。他在那些获得幸福的人们中是很少见的。他这样虽可免于步行的劳累，但毕竟还是有所凭借的呀。

至于顺应天地的法则，驾驭六气的变化，遨游于没有穷尽的绝对境界中的那些人，他还要依赖什么呢？因此说：至人没有自己，神人没有功用，圣人则连名都没有。

二

尧要把天下让给许由，说："日月出来了，烛火还不熄灭，这对于烛火的光来说，不是很难堪的事吗？及时雨已经降落，还要用人力灌溉，这对于润泽作物来说，不是徒劳的吗？先生在位，天下就可以太平。而我还占据着这个位子，自己觉得很不安。请让我把天下交付给你。”许由说：“你治理天下，天下已经治理好了，我还来代替你，我是为了名吗？名是依赖于实的宾，难道我是为了那依附性的宾吗？鹪鹩在深林中筑巢，只不过一根树枝就够了；偃鼠到河里饮水，只不过喝饱肚皮就行了。回去吧，君主！天下对我一点用处也没有！即使厨师不下厨房做祭祀食品，尸祝也不会越过祭品陈列架到厨房里去代替厨师的工作。”

肩吾问连叔说：“我从接舆那儿听到的话，夸大而无实用，说开去就收不回来。我十分惊奇他的言论像银河那样漫无边际；径与庭离开很远，他的话之远离人情也是如此。”连叔问：“他的话是怎么说的呢？”“他说：‘在遥远的姑射山上，有一个神人住着。肌肤洁白得像冰雪一样，身姿轻盈柔美好像处女；不吃五谷，只吸清风饮露水；乘着云气，驾御着飞龙，遨游在四海之外。他的精神专一凝聚，能使万物无灾无病而年成丰足。’我认为这是狂言而不相信。”连叔说：“是的，人不能与瞎子一起观赏文彩的美丽，不能与聋子一起聆听钟鼓合奏的音乐。哪里只是形骸才有聋有瞎呢？人在智力方面也是有聋瞎的。这番话说的就是你。那个神人、那种道德，其磅礴的力量可以把万物融合为一体。世人喜欢纷扰争夺，他为什么要劳形伤神地管天下的事呢？这样的人，没有什么外物能伤害他，大浪滔天他不会沉没，大旱使金石熔化、土山焦枯他也不会感到热。就是他的尘垢秕糠，也可以造就尧舜，他又怎肯把身外之物当作一回事呢？”

宋人到越国贩卖章甫冠，而越人剪短头发，身上刺着花纹，用不着它。尧治理好天下的人民，使国内政治升平，便前往汾水北面的藐姑射山，会见四个有道之士，于是心神怅惘，忘掉了他的天下。

三

惠子对庄子说："魏王送我大葫芦的种子，我把它培育后结出的葫芦能盛得下五石谷物；但用它盛水，它的坚固程度却不能使自己不破裂。剖开来做瓢，太大了，没有什么大东西可装。它并不是不大，我因为它没有用处而把它打碎了。"庄子说："先生确是不善于使用大的物件。宋国有个人，擅长配制预防手冻裂的药方，他家世世代代以漂洗绵絮为职业。有个客人听说此事，请求用百金买他的药方。宋人召集全家族的人来商量，说：'我家世世代代做漂洗绵絮的事，收入不过数金。如今一旦出卖药方，就可得到百金。请大家同意卖给他吧。'客人得到药方，就去游说吴王。越国起兵入侵，吴王派他率领军队。到了冬天，与越人在水上作战，大败越人，吴王划出一块土地封赏他。同样是使手不冻裂，有人因此而有了封地，有人却摆脱不了漂洗绵絮的事，那就是由于用途的不同啊！现在你有可容五石的大葫芦，为什么不想到用它做腰舟去飘游江湖，反而愁它太大派不了用场呢？可见先生所有的仍是一颗被茅草塞着的心！"

惠子对庄子说："我有棵大树，人们把它叫做樗。它的主干长着很多赘疣疙瘩，因而不能符合绳墨的要求，小枝弯弯曲曲不合规矩。虽生长在路旁，木匠仍置之不理。现在你的话夸大而不切实用，所以众人都弃之不顾。"庄子说："你难道没有看到野猫和黄鼠狼吗？它们伛下身子隐伏起来,伺机猎取出来活动的小动物。东蹿西跳,不避高低,往往触到机关,死于网罗之中。还有牦牛,庞大的躯体像天边的云。它能使自己很大,却不能抓老鼠。现在你有大树,愁它无用,为什么不把它种植在虚无的乡土上、广阔无垠的旷野里,然后无所事事地在树旁徘徊,悠闲自得地躺在树下憩息。它不会遭受斧头的砍伐,没有什么东西会损害它。正因为一点用处也没有,哪里还会有什么祸害呢?”

齐 物 论

"齐物"的意思是：一切事物都是一样的，没有什么差别，因而也就没有是非、美丑、善恶、贵贱等等的区分。本篇就是阐述这种道理的。这个见解当然是错误的，但根据辩证法的观点，在相互对立的事物之间本来就存在着同一性，可以互相转化，人们对它的认识和评价也就随着这种转化而改变（例如，说谎是不道德的，但在目前的情况下，对于患了癌症的人，一般不让他知道真实的病情，谎称他所患的是一种没有危险性的病。在这里，原本属于不道德的说谎就转化成了道德的行为）。所以，庄子的见解乃是抓住了事物的一个方面加以片面强调的结果。在他的论述中时时表现出深刻的思考和智慧的闪光。

一

南郭子綦隐机而坐①，仰天而嘘，荅焉似丧其耦②。颜成子游立侍乎前③，曰："何居乎④？形固可使如槁木，而心固可使如死灰乎？今之隐机者⑤，非昔之隐机者也。”子綦曰：“偃，不亦善乎而问之也⑥！今者吾丧我⑦，汝知之乎？女闻人籁而未闻地籁⑧，女闻地籁而未闻天籁夫⑨！”

【注释】

① 子綦(qí)：人名，居住在城南，故以南郭为号。机：通“几”，古代用以凭靠的器具。② 苔(tà)：形体毁坏的样子，这里指生气索然。耦：“寓”的假借字，这里指精神借以寄寓的躯体。③ 颜成子游：复姓颜成，名偃，字子游，子綦弟子。④ 何居：何故。⑤“今之”两句：意谓子綦现在扶几所达到的境界与以往大不相同。⑥“不亦”句：此为倒装句，意谓你问得不是很好吗？而：通“尔”，你。⑦“今者”句：“吾”指真我，“我”指未摆脱世俗束缚的我。此句意为通过丧我达到物我两忘、臻万物于一体的自由境界。⑧ 女：通“汝”，下句同。籁：箫，此处指空虚地方发出的声音。人籁指人吹箫管发出的声音。地籁指风吹窍孔发出的声音。⑨ 天籁：是各物因其自然状态而自鸣。

子游曰：“敢问其方①”。

子綦曰：“夫大块噫气，其名为风。是唯无作②，作则万窍怒呺③。而独不闻之翏翏乎④？山陵之畏佳⑤，大木百围之窍穴⑥，似鼻，似口，似耳，似枅，似圈，似臼，似洼者，似污者⑦；激者、謞者、叱者、吸者、叫者、譹者、宎者、咬者⑧。前者唱于而随者唱喁⑨。泠风则小和⑩，飘风则大和，厉风济则众窍为虚。而独不见之调调之刀刀乎⑪？”

子游曰：“地籁则众窍是已，人籁则比竹是已⑫，敢问天籁。”子綦曰：“夫天籁者，吹万不同[13]，而使其自已也，咸其自取，怒者其谁邪？”

【注释】

① 方：道理，此作奥妙、诀窍解。② 是唯无作：是，此。唯：除非。作：发作，此处谓刮风。③ 呺(xiāo)：借为“号”。④ 而：你。翏(liù)翏：悠长的风声。⑤ 畏佳：通“嵔崔”，高山坡陀起伏的样子。⑥ 围：两臂合抱。百围形容树木的粗大。⑦“似鼻”句：形容窍穴的形状。枅(jī)：柱头上用以承接栋梁的横木，现在一般称为斗拱。⑧“激者”句：形容怒号的风声。謞(xiào)：飞箭声。譹(háo)：通“嚎”，号哭声。宎(yǎo)：沉吟声。咬(jiāo)：哀叹声。⑨ 前者：指风。随者：指窍穴发出的声响。于、喁(yú)：声音互相应和。⑩ 泠(líng)风：小风。⑪ 而：你。调调：指树枝大动。刁刁：指树叶微动。⑫ 比竹：笙、箫之类管乐器。比：并。⑬“吹万”句：意谓风吹万窍发出不同的声响，各个窍孔的自然状态不同使声音也各不相同。

二

大知闲闲[1]，小知间间。大言炎炎[2]，小言詹詹。其寐也魂交[3]，其觉也形开。与接为构[4]，日以心斗。缦者、窖者、密者[5]。小恐惴惴，大恐缦缦[6]。其发若机栝[7]，其司是非之谓也[8]；其留如诅盟[9]，其守胜之谓也；其杀若秋冬[10]，以言其日消也；其溺之所为之，不可使复之也；其厌也如缄[11]，以言其老洫也[12]；近死之心，

莫使复阳也。喜怒哀乐，虑叹变慹⑬，姚佚启态⑭；乐出虚⑮，蒸成菌。日夜相代乎前而莫知其所萌。已乎，已乎！旦暮得此⑯，其所由以生乎！

【注释】

①“大知”二句：意谓大智大慧的人广博宽容，能采纳不同的见解；才智浅薄的人斤斤计较枝节问题，拘执于是非之争。闲闲：广博的样子。间间：分别，有所间别。②“大言”二句：意谓大言如烈火燎原，是是非非皆扫荡无余；小言在是非问题上争辩不休，徒费精神。炎（yàn）炎：火势炽盛，这里形容言语美盛。詹詹：说话烦琐，喋喋不休的样子。③“其寐”二句：言执着于是非之辩的人日夜都十分紧张。开：动。④“与接”二句：言人在与外界接触中，由于有是非之辩，产生种种好恶取舍，心境不能宁静。接：交接。构：合，引申为周旋。⑤缦（màn）：宽缓。窖：深。⑥缦缦：沮丧的样子。⑦机栝：此处指飞箭。机：弩上发射的机关。栝：箭尾扣弦的部位。⑧司：通“伺”，窥伺。⑨“其留”句意：谓守口如瓶，不肯吐露心中主见，像遵守誓约一般慎重。诅（zǔ）盟：赌咒发誓。⑩杀（shài）：通“衰”，凋萎。⑪厌：闭塞。⑫洫：枯竭。⑬“虑叹”句：形容辩者的情绪。慹（zhí）：恐惧。⑭“姚佚”句：形容辩者的行为。⑮“乐出”二句：形容其不可捉摸、无因而至。天地间本无音乐，所以它是无中生有的，出于虚空（“出虚”）；同时音乐变化无方，所以又是不可捉摸的。当时认为菌由地气蒸发而成，因而也是无中生有的；它们既均由地气蒸发而成，又有种种不同形态，故显得不可捉摸。⑯旦暮：早晚，

形容时间的短促。这也就是《逍遥游》所说“朝菌不知晦朔”之意。

非彼无我①，非我无所取。是亦近矣，而不知其所为使。若有真宰②，而特不得其眹③。可行己信④，而不见其形，有情而无形。百骸⑤、九窍、六藏，而赅存焉⑥，吾谁与为亲？汝皆说之乎⑦？其有私焉？如是皆有为臣妾乎？其臣妾不足以相治乎？其递相为君臣乎？其有真君存焉！如求得其情与不得，无益损乎其真。

【注释】

① 我：这里指每个人自己，同时这又是尚非摆脱世俗束缚的我，即上文“吾丧我”的“我”。② 真宰：身的主宰，即真心、真我，与下文真君同义。③ 眹（zhèn）：同“朕”，迹象。④“可行”句：自己相信的就去做，率性而行、不受外物牵制的意思。⑤ 骸：骨节。九窍：指人身眼、耳、鼻各两窍，口、肛门、尿道各一窍，合称九窍。六藏：藏通“脏”，心、肝、脾、肺、肾称为五脏，肾有两脏，所以合称六脏。⑥ 赅（gāi）：齐备。⑦ 说：通“悦”。

一受其成形，不亡以待尽。与物相刃相靡①，其行尽如驰而莫之能止，不亦悲乎！终身役役而不见其成功，苶然疲役而不知其所归②，可不哀邪！人谓之不死，奚益！其形化，其心与之然，可不谓大哀乎？人之生也，固若是芒乎？其我独芒，而人亦有不芒者乎？

夫随其成心而师之③，谁独且无师乎？奚必知代而

心自取者有之？ 愚者与有焉。 未成乎心而有是非，是今日适越而昔至也。 是以无有为有。 无有为有，虽有神禹且不能知④，吾独且奈何哉！

【注释】

①“与物”句：指人的竞争追逐。相刃：互相戕害。相靡：互相磨擦，靡通“磨”。② 苶(niè)然：困顿疲病的样子。③ 成心：成见，固执的主见。师：动词，师法效仿。下句“师”为名词。之：指成心。此句“师之”意为以成心作为判断的标准。④ 知：得，为。

三

夫言非吹也①，言者有言。 其所言者特未定也。 果有言耶②？ 其未尝有言邪？ 其以为异于鷇音③，亦有辩乎④？ 其无辩乎？ 道恶乎隐而有真伪？ 言恶乎隐而有是非？ 道恶乎往而不存？ 言恶乎存而不可？ 道隐于小成，言隐于荣华⑤。 故有儒墨之是非，以是其所非而非其所是。 欲是其所非而非其所是，则莫若以明⑥。

【注释】

①“夫言”三句：意谓言论与风吹不同，言论出于自己固有的见解，风吹发于自然。辩者的言论各有自己的道理，不过难以确定它的是非。② 言：这里是指言论的实际内容。作者认为，只有具有真实内容的才能算是“言”。③ 鷇(kòu)：刚出壳的小鸟。④ 辩：同“辨”。⑤ 荣华：漂亮

的词语。⑥ 明:即《老子》"复命曰常,知常曰明"之明,指排除心中成见的虚无之道。

物无非彼[①],物无非是。自彼则不见,自是则知之。故曰:彼出于是[②],是亦因彼,彼是方生之说也[③]。虽然,方生方死,方死方生;方可方不可,方不可方可。因是因非[④],因非因是。是以圣人不由,而照之于天[⑤],亦因是也[⑥]。

是亦彼也,彼亦是也。彼亦一是非,此亦一是非。果且有彼是乎哉?果且无彼是乎哉?彼是莫得其偶,谓之道枢。枢始得其环中[⑦],以应无穷。是亦一无穷,非亦一无穷也,故曰莫若以明。

【注释】

① "物无"二句:意谓事物彼此的界线都是相对的,从B的角度看A,A是"彼",从A的角度看A,A就是"此"。是,此。② "彼出"二句:意谓事物都是统一的,彼中有此,此离不开彼。因,依赖。③ 方生:指双方相傍而生。方,并。④ 因是因非:是、非皆作动词,意为说是道非。⑤ 照:观照。天:事物的自然本性。⑥ 因是:意为顺应自然。是,指"照之于天"。⑦ "枢始"句:言掌握了道的关键就像处于圆环的中心,可以顺应无穷的变化。

四

以指喻指之非指[①],不若以非指喻指之非指也;以马喻马之非马,不若以非马喻马之非马也。天地一指

也②，万物一马也。

【注释】

①“以指”四句：意为从概念出发论证概念与具体事物的对立，不如从具体事物出发来说明概念与具体事物的不同。“指”与“马”是先秦理论界争论名实（概念和具体存在）关系的重要命题，以公孙龙的“指物论”和“白马论”最著名。公孙龙提出“指非指”“白马非马”，前一“指”和“白马”是指具体的事物，后一“指”和“马”指抽象的概念。庄子所说的“以指喻指之非指”和“以马喻马之非马”皆就公孙龙的理论而说。②“天地”二句：庄子认为不必拘泥于概念与事物的对立，以概念为是事物为非，或以事物为是概念为非都是不必要的。抽象的天地也是一个具体事物，具体存在的万物也是一种概念。指：指具体的手指。马：指马的概念。

道行之而成，物谓之而然。有自也而可，有自也而不可。有自也而然，有自也而不然。恶乎然？然于然。恶乎不然？不然于不然。恶乎可？可于可。恶乎不可？不可于不可。物固有所然，物固有所可。无物不然，无物不可。故为是举莛与楹①，厉与西施②，恢恑憰怪③，道通为一。其分也④，成也；其成也，毁也。凡物无成与毁，复通为一。

【注释】

① 莛（tíng）：草茎。② 厉：丑恶之人。西施：春秋时越

国人，以美貌著称。③ 恢恑（guǐ）憰（jué）怪：形形色色的怪异之事。恢：恢谐。恑：通“诡”，狡猾。憰：通“谲”，欺诈。怪：奇异。④ “其分”二句：意谓旧事物的解体意味新事物的组成，新事物的生成必定有所毁坏。

唯达者知通为一，为是不用而寓诸庸①，因是已。已而不知其然，谓之道。

劳神明为一②，而不知其同也，谓之朝三。何谓朝三？狙公赋芧③，曰：“朝三而暮四。”众狙皆怒。曰：“然则朝四而暮三。”众狙皆悦。名实未亏而喜怒为用，亦因是也。是以圣人和之以是非而休乎天钧④，是之谓两行⑤。

【注释】

① 为是：因此。不用：指不用成毁的观点去看问题。寓：托付。庸：常。《老子》：“复命曰常。”“复”即循环往复。② “劳神”二句：言耗费精神偏执一面之词，而不知是非彼此相通。神明：指心思、精神。③ 狙公赋芧：狙（jū）：猕猴。狙公：指养猴的人。赋：给，分发。芧（xù）：橡子。狙公赋芧事见《列子·黄帝篇》。④ 休：休息，引申为听任。天钧：万物的自然变化。⑤ 两行：任由是与非两方面各自发展。

古之人，其知有所至矣①。恶乎至？有以为未始有物者，至矣，尽矣，不可以加矣。其次，以为有物矣，而未始有封也。其次，以为有封焉，而未始有是非也。是非之彰也，道之所以亏也。道之所以亏，爱之所以成②。果且有成与亏乎哉？果且无成与亏乎哉？有成

与亏[③]，故昭氏之鼓琴也；无成与亏，故昭氏之不鼓琴也。昭文之鼓琴也，师旷之枝策也[④]，惠子之据梧也[⑤]，三子之知[⑥]，几乎皆其盛者也，故载之末年[⑦]。

【注释】

① 至：深，深入。② 爱：指偏爱。③“有成”四句：意谓昭氏弹琴，不能奏出所有的声音。就奏出的声音来说，是有所成，就被遗漏的声音来说，是有所亏。如果昭氏不弹琴，就无所成也无所亏。昭氏，姓昭名文，古代善弹琴者。④ 师旷：字子野，晋平公的乐师，精通音节。枝策：持杖打拍子。枝：同“拄”。⑤“惠子”句：惠子，惠施。惠施善辩，经常靠着梧桐树与人争论。《德充符》篇云：“庄语惠子云：今子外乎子之神，劳乎子之形，倚树而吟，据槁梧而瞑。”⑥“三子”二句：意谓这三个人的才智，在他们的技艺上表现得非常突出。知：同“智”。⑦ 载：从事。末年：终年。

唯其好之也，以异于彼；其好之也，欲以明之[①]。彼非所明而明之，故以“坚白”之昧终[②]。而其子又以文之纶终[③]，终身无成。若是而可谓成乎，虽我无成，亦可谓成矣。若是而不可谓成乎，物与我无成也。是故滑疑之耀[④]，圣人之所图也。为是不用而寓诸庸，此之谓以明。

【注释】

① 明之：使别人明白领会。“明”作动词。② 坚白：即“坚白论”，战国时期名辩家命题之一。公孙龙为首的“离

坚白”派认为视觉只看到石头的白色而看不到坚硬，触觉只能感知坚硬而摸不到白色，“坚”和“白”是分离的。以墨子为首的“盈坚白”派，认为“坚”、“白”同是石的属性而不可分。在庄子看来，这都是给事物定界限、争是非的愚昧之见。③ 文：昭文。纶：琴弦，借指琴艺。④ 滑（gǔ）疑：错乱，此指能迷乱人的言辩。

五

今且有言于此①，不知其与是类乎，其与是不类乎。类与不类，相与为类，则与彼无以异矣。虽然，请尝言之：有始也者②，有未始有始也者，有未始有夫未始有始也者；有有也者，有无也者，有未始有无也者，有未始有夫未始有无也者。俄而有无矣，而未知有无之果孰有孰无也。今我则已有谓矣，而未知吾所谓之其果有谓乎？其果无谓乎？

【注释】

① “今且”六句：意谓言论有不同的是非标准，此是彼非或此非彼是，这就叫不类。但一切言论皆有是非，从这一点来讲都是类同的。是：指上面“为是不用而寓诸庸，此之谓以明”等言论。② “有始”七句：此七句追溯物质世界的起源，提出有产生、未曾产生、未曾产生以前；有、无、未曾无、未曾无以前各阶段。庄子认为“有”（物质）出于“无”（非物质），“无”又出于“有”，以“有”“无”相生推论下去，世界的起源就不可知了。

天下莫大于秋豪之末[①]，而大山为小；莫寿于殇子，而彭祖为夭[②]。天地与我并生[③]，而万物与我为一。既已为一矣，且得有言乎？既已谓之一矣，且得无言乎？一与言为二，二与一为三[④]。自此以往，巧历不能得[⑤]，而况其凡乎！故自无适有[⑥]，以至于三，而况自有适有乎！无适焉，因是已！

【注释】

①“天下”二句：天下没有比秋毫之末更大的了，而泰山却是小的。按，庄子的意思是：天下万物本来都是“无”，“无”与秋毫相比，当然以秋毫为大。天地万物浑然一体，泰山只是其中一点，故算作小。他在这里，把经过与特定事物的比较而得出的秋毫大、泰山小的结论当作一般的原理，却是一种诡辩。下面的“莫寿”两句是同样的诡辩法。秋豪：豪通“毫”，动物秋天换的新毛，用以比喻细微的东西。大（tài）山：泰山。② 彭祖：古代长寿者，见《逍遥游》注。③“天地”二句：意谓天地与我都生于“无”，因此都同为一体。④“二与”句：“二”加上“万物一体”的“一”就成了三。庄子的意思是：由“言”与“万物一体”的“一”所形成的“二”，是独立于“一”和“言”以外的东西，既非“一”，也非“言”，所以它仍可与“一”相加而成为“三”。按照这一原则，“三”仍可与“一”相加而成为“四”，以此类推，至于无穷。⑤ 巧历：善于计算的人。⑥ 适：发展，此作推算解。

夫道未始有封[①]，言未始有常，为是而有畛也[②]。请言其畛：有左有右，有伦有义[③]，有分有辩，有竞有争[4]，此之谓八德[5]。六合之外[6]，圣人存而不论；六合之内，圣人论而不议；春秋经世先王之志[7]，圣人议而不辩。故分也者，有不分也；辩也者，有不辩也。曰：何也？圣人怀之[8]，众人辩之以相示也。故曰辩也者[9]，有不见也。

【注释】

①“夫道”句：言道无处不在，没有范围。②“为是”句：事物本无彼此是非的区别，因为心中存有是非的观念，才人为地划分出种种的界限。畛（zhěn）：界限。③有伦有义：当为有论有议。论偏重于客观叙述，议偏重于主观评价。④竞：以心竞逐。争：以力争斗。⑤德：得。物之得以生为德。⑥六合：天地。天地间为东南西北上下六方所包围，故称六合。⑦春秋：古代记载历史的书籍。经世：指治理国家大事。⑧怀之：指怀藏万物，包括是非，体认一切事理而不分辨。⑨“故曰”二句：谓争辩是非的人，执着于一己之见而不见全体，故说有所不见。

夫大道不称[1]，大辩不言[2]，大仁不仁[3]，大廉不嗛[4]，大勇不忮[5]。道昭而不道，言辩而不及，仁常而不周，廉清而不信，勇忮而不成。五者园而几向方矣！故知止其所不知，至矣。孰知不言之辩，不道之道？若有能知，此之谓天府[6]。注焉而不满，酌焉而不竭，而不知其所由来，此之谓葆光[7]。

【注释】

①“夫大”句：至高无上的道深远虚幻，不可捉摸，所

以不可能用具体的概念加以说明。称：称说。② 大辩不言：最雄辩的思想是不能用语言表达的。用语言争辩，必有是非，有是非就有受人攻击的弱点，所以算不得“大辩”。③ 大仁不仁：大仁就是无所爱，有所爱就有所不爱，故算不得大仁。④ 大廉不嗛：大廉者不故作谦让，以博取他人的赞扬。嗛（qiān）：通“谦”。⑤ 忮（zhì）：强。⑥ 天府：天然的宝库，指圣人心胸，能包罗万物。⑦ 葆：隐藏。

六

故昔者尧问于舜曰：“我欲伐宗、脍、胥敖①，南面而不释然②。其故何也？”舜曰：“夫三子者，犹存乎蓬艾之间③。若不释然④，何哉！昔者十日并出⑤，万物皆照，而况德之进乎日者乎⑥！”

【注释】

① 宗、脍、胥敖：上古时三个小国名。② 南面：古代帝王临朝南向而坐，因此以南面指帝位。③“犹存”句：指三国卑微偏小，如处蓬艾之间。蓬：蓬蒿。艾：艾草。蓬艾比喻偏僻荒凉的地方。④ 若：你。⑤“昔者”句：上古神话，尧时十日并出，天下大旱，尧命后羿射落九日。⑥“而况”句：意谓太阳普照万物，道德的光辉超过了太阳，更应宽容小国。

啮缺问乎王倪曰①：“子知物之所同是乎②？”曰：“吾恶乎知之！”“子知子之所不知邪？”曰：“吾恶乎知之！”“然则物无知邪？”曰：“吾恶乎知之！虽

然，尝试言之：庸讵知吾所谓知之非不知邪[③]？庸讵知吾所谓不知之非知邪？且吾尝试问乎女[④]：民湿寝则腰疾偏死[⑤]，鳝然乎哉？木处则惴慄恂惧[⑥]，猨猴然乎哉？三者孰知正处？民食刍豢[⑦]，麋鹿食荐，蝍蛆甘带[⑧]，鸱鸦嗜鼠[⑨]，四者孰知正味？猨猵狙以为雌[⑩]，麋与鹿交，鳝与鱼游。毛嫱、丽姬[⑪]，人之所美也；鱼见之深入，鸟见之高飞，麋鹿见之决骤，四者孰知天下之正色哉？自我观之，仁义之端，是非之涂[⑫]，樊然淆乱，吾恶能知其辩[⑬]！”

【注释】

① 啮缺、王倪：传说中的人名。《庄子·天地篇》说啮缺是许由的老师，王倪是啮缺的老师。② 同是：共同认可的道理。“是”作动词用。③ 庸讵：何以。④ 女：同“汝”。⑤ 偏死：半身不遂。⑥“木处”句：木处，住在树上。惴(zhuì)慄：害怕得发抖的样子。恂(xún)：害怕。⑦ 刍(chú)豢(huàn)：指家禽，食草的叫刍，食谷的叫豢。⑧ 蝍(jí)蛆(jū)：蜈蚣。带：蛇。⑨ 鸱(chī)：猫头鹰。⑩ 猵(biān)狙(jū)：猴猕的一种。⑪ 毛嫱、丽姬：古代美女。毛嫱：越王的美姬。丽姬：晋献公宠妾。⑫ 涂：同“途”。⑬ 辩：同“辨”。

啮缺曰：“子不知利害，则至人固不知利害乎？”王倪曰：“至人神矣！大泽焚而不能热，河汉沍而不能寒[①]，疾雷破山而不能伤，飘风振海而不能惊。若然者，乘云气，骑日月，而游乎四海之外，死生无变于己，而况利害之端乎[②]！”

【注释】

① 河：黄河。汉：汉水。此处泛指江河。冱（hù）：冰冻。② 端：等级，这里是差别的意思。

七

瞿鹊子问乎长梧子曰①：“吾闻诸夫子②：‘圣人不从事于务，不就利，不违害，不喜求，不缘道，无谓有谓，有谓无谓，而游乎尘垢之外③。’夫子以为孟浪之言，而我以为妙道之行也。吾子以为奚若？”

【注释】

① 瞿鹊子、长梧子：孔子门徒。长梧子被封在长梧，故又称长梧封人。② 闻：达。诸：之于。夫子：指孔子。③ 尘垢：即尘世。

长梧子曰：“是黄帝之所听荧也①，而丘也何足以知之！且女亦大早计②，见卵而求时夜③，见弹而求鸮炙④。予尝为女妄言之，女以妄听之。奚旁日月，挟宇宙，为其吻合，置其滑涽⑤，以隶相尊⑥？众人役役，圣人愚芚⑦，参万岁而一成纯⑧。万物尽然，而以是相蕴⑨。

【注释】

① 荧（yíng）：通“瞢”，眼花缭乱。② 女：同“汝”。大：通“太”。③ 时夜：即司夜，指鸡。鸡啼报晓，古人称鸡为司

夜，现在一般称司晨。④ 鸮（xiāo）：斑鸠。⑤ 滑：乱。涽（hūn）：通“昏”。⑥ 隶：奴仆，社会地位低下，以隶相尊，即打破贵贱界限。⑦ 芚：无知的样子。愚芚：指圣人不与众人竞逐，似乎愚芚无知。⑧“参万”句：圣人参透了古今历代的变化，把古今万物视为一体，而使自己包容一切。万岁：指自古至今很长的一段历史。一：动词，守一，抱一，意谓将古今万物视为一体。纯：大，这里是广大无垠，包含一切之意。⑨“而以”句：意谓万物皆包蕴于浑朴精纯之中。是：指上句的“纯”。

“予恶乎知说生之非惑邪①！予恶乎知恶死之非弱丧而不知归者邪②！丽之姬③，艾封人之子也。晋国之始得之也，涕泣沾襟。及其至于王所，与王同筐床④，食刍豢，而后悔其泣也。予恶乎知夫死者不悔其始之蕲生乎？梦饮酒者，旦而哭泣；梦哭泣者，旦而田猎。方其梦也，不知其梦也。梦之中又占其梦焉⑤，觉而后知其梦也。且有大觉而后知此其大梦也⑥。而愚者自以为觉，窃窃然知之⑦。君乎⑧，牧乎，固哉！丘也与女皆梦也，予谓女梦亦梦也。是其言也，其名为吊诡。万世之后而一遇大圣知其解者，是旦暮遇之也⑨。

【注释】

① 说：通“悦”。② 弱：弱年。丧：指失去故居。③ 丽之姬：晋献公伐丽戎国，娶丽戎国艾地守疆人的女儿为姬，称之为丽姬。④ 筐床：一种床的名称。⑤ 占：问卜，此作问讲。⑥ 大觉：指领悟了道后的大彻大悟。⑦ 窃窃然：自以为明察的样子。窃窃：同“察察”。⑧“君乎”句：此

句意谓愚者处世若在梦中，自以为很清醒，把贵贱的界限分得很清楚，实际上并无贵贱之分。⑨ 旦暮：从早晨到晚上。形容时间之短。因庄子主张“齐物”，否认时间和空间的差别，所以万世之后遇到与“旦暮遇之”也并无差别。

“既使我与若辩矣，若胜我，我不若胜，若果是也，我果非也邪？我胜若，若不吾胜，我果是也，而果非也邪？其或是也，其或非也邪？其俱是也，其俱非也邪？我与若不能相知也。则人固受其黮闇①，吾谁使正之？使同乎若者正之，既与若同矣，恶能正之？使同乎我者正之，既同乎我矣，恶能正之？使异乎我与若者正之，既异乎我与若矣，恶能正之？使同乎我与若者正之，既同乎我与若矣，恶能正之？然则我与若与人俱不能相知也，而待彼也邪？

“何谓和之以天倪②？曰：是不是，然不然。是若果是也，则是之异乎不是也亦无辩③。然若果然也，则然之异乎不然也亦无辩。化声之相待④，若其不相待。和之以天倪，因之以曼衍⑤，所以穷年也。忘年忘义⑥，振于无竟⑦，故寓诸无竟。”

【注释】

① 黮（tàn）闇：昏暗不明。② 天倪：自然的变化，与前文所说“天钧”相同。③ 辩：通“辨”，分别。④ 化声：指是非之辩。⑤ 曼衍：散漫流衍，不拘常规。⑥ 年：年岁。义：是非观念。⑦ 振：畅，此作遨游解。竟：通“境”。

八

罔两问景曰[①]："曩子行[②]，今子止；曩子坐，今子起。何其无特操与？"景曰："吾有待而然者邪？吾所待又有待而然者邪？吾待蛇蚹蜩翼邪[③]？恶识所以然？恶识所以不然？"

昔者庄周梦为胡蝶，栩栩然胡蝶也。自喻适志与，不知周也。俄然觉，则蘧蘧然周也。不知周之梦为胡蝶与？胡蝶之梦为周与？周与胡蝶则必有分矣。此之谓物化[④]。

【注释】

① 罔两：蝄蜽。景：影。② 曩（nǎng）：从前。③"吾待"句：此句以蛇蝉作比喻说明人有所待。蛇凭藉腹下鳞皮而爬行，蝉凭藉羽翼而飞。蛇蚹（fù）：蛇皮。蜩：蝉。④ 物化：意指消除物我界限，万物融合为一。

【翻译】

一

南郭子綦靠几静坐，仰面朝天缓缓地吐气，茫然若失，就像魂魄离开了躯体。颜成子游侍立在面前，问道："怎么会这样呢？形体固然可以使它像枯木一样，心灵难道可以使它像死灰一样吗？今天凭几而坐的你，与往日凭几而坐的你不一样。"子綦说："偃，你问得好呵！现在我已忘却了自身，你知道吗？你听到过'人籁'而未听过'地籁'，听到过‘地籁’而未听过‘天籁’啊！”

子游说：“请问其中的奥妙。”

子綦说：“大地所吐出来的气，它的名字就叫做风。它要么不刮，一刮起来，千千万万的窍穴都怒号起来。你就没有听到过长风的呼啸吗？那高山上随着山势起伏的树林中，百围大树上的窍穴，有像鼻子的，有像嘴巴的，有像耳朵的，有像斗拱的，有像盂的，有像臼的，有像池沼的，有像泥坑的；发出来的声音，则有的像急流，有的像飞箭，有的像怒叱，有的像呼吸，有的像叫喊，有的像号哭，有的像沉吟，有的像哀叹。风声呼呼地响着，窍穴发出的声音随着它呜呜地相应和。风小，应和的声音也小；风大，应和的声音也大。大风一停，所有的窍穴都寂静无声了。你就没有见过大风刮得树枝摇晃，小风吹得树叶摆动的情形吗？”

子游说：“‘地籁’是各种窍穴发出的声音，‘人籁’是人用竹管吹出的声音，请问‘天籁’又是什么？”子綦说：“‘天籁’嘛，风吹万窍发出的声响千差万别，而后又使它们自己停止；它们的发声和停止都取决于自己，而鼓动它们发声和停止的又是谁呢？——这就是天籁。”

二

大智大慧的人，广博大度；耍小聪明的人，对是非斤斤计较。谈大道理的气势逼人，说小事情的争辩不停。他们睡觉时神魂不定，醒来后形体躁动。与外界周旋时，整天勾心斗角。其中有些人性情宽缓，有些人城府深沉，有些人心机谨密。遇上小风险就提心吊胆，遇上大风险则丧魂落魄。他们争辩时如利箭一般迅猛，那是他们在窥伺别人的是非中得到了机会；他们缄默时如坚守誓约一般慎重，那是要以守取胜；他们的衰颓好像秋冬凋残的万物，这是他们在一天天走向毁灭；他们沉溺于自己的行为之中，已无法恢复本性；他们的心灵如同密封一般地紧闭，这是说他们一天天枯竭老朽；那接近死亡的心灵，已无法恢复生气。他们的欢喜、愤怒、悲哀、快乐、忧虑、嗟叹、反复、惊恐、浮躁、奢逸、放荡、做作；其不可捉摸、无因而至就像音乐出于虚空，菌类生于地气的蒸发。这种种情态在眼前日夜不停地交替变化，却不知它们是怎样萌发的。算了吧，算了吧！他们都不过是在很短的时间里才能具有上述的表现，这就是上述的种种情状之所以发生的根由了吧！

没有这种种情态也就没有自我，没有自我它也就无从体现。这种说法已经接近事实，但还是不知道这一切是由什么东西支配的。好像有一个“真宰”存在，只是寻找不到它的迹象。“真宰”率性而行，而不见它的形迹，它是有实而无形的。百骸、九窍、六脏，十分齐备地分布在人的身上，我和哪一部分最为亲近？你是一视同仁地喜爱它们吗？抑或是有所偏爱？如果一视同仁，是把它们都当作臣妾吗？假如都是臣妾，不就谁也不能统治谁吗？或者它们是互相轮流作君臣吧！这当中大概有“真君”存在。而无论有没有得知“真君”的实情，并不会增益或损害它的真实存在。

人一旦禀受了现有的这种形体，就不再变化一直到死。一生与外物接触相互戕害，竞争追逐，如飞马奔驰不能停止，这不是很可悲的吗？终生劳苦奔波而看不到成功，困顿疲病却得不到归宿，这不是很可哀的吗？这样的人就算不死，又有什么好处呢？他的形体变得衰老，他的心灵也随之僵化，这不是莫大的悲哀吗？人的一生，原来是如此的昏昧吗？抑或是只有我一个人如此昏昧，而别人也有并不昏昧的呢？

假如各人随着自己的成见行事，并把它作为判断是非的标准，那么谁没有一个标准呢？何必一定要洞察事物变化更替并有自己见解的人才有呢？即使愚笨的人也是有的。但如没有成见而要确定是非，就好像今天要去越国而昨天就已到达一样的不可能。这种说法是要把没有说成是有。以没有为有，即使是大禹那样神明的人尚且办不到，我又有什么办法呢？

三

言论不像风吹，说话的人各有自己的一套言论。只不过他们所说的不能算是定论。这样的言论果真有实际内容呢，还是并没有实际内容呢？他们自以为自己的言论不同于刚出壳小鸟的叫声，真的有区别吗，还是没有区别呢？道被什么隐蔽了以致产生了真伪？言论的真实内容被什么隐蔽了以致产生了是非？道在什么地方才不存在呢？言论的真实内容在什么地方不对头了呢？道被微小的成就所隐蔽，言论被浮丽的辞藻所隐蔽，所以有了儒、墨两家的是非之争，他们各自肯定对方所认为错误的而否定对方所认为正确的。要想肯定对方所认为错误的而否定对方所认为正确的，那么不如以明静之心去观照世界万物。

事物没有不可以称作“彼”的，事物也没有不可以称作“此”的。从他方面看不到这方面，从自身这方面看就能知道了。所以说:彼产生于此,此依存于彼,这就是彼此相依傍而产生的理论。虽然如此,但事物都是生的同时就出现死,死的同时就出现生;才说可就变成了不可,才说不可又变成可了。有因而认为是的,就有因而认为非的;有因而认为非的,也就有因而认为是的。所以圣人不经由是非对立的路走,而是观照事物的本性,也就是顺应自然。

“此”也就是“彼”,“彼”也就是“此”。“彼”也有一种是非,“此”也有另一种是非,果真有彼此的区别吗?果真没有彼此的区别吗?使彼此都不再有与其相对的一方,这就是道的关键。掌握道的关键就像抓住圆环的中心,可以应付无穷的是非纠葛。“是”的变化是没有穷尽的,“非”的变化也是没有穷尽的,所以说不如以空明之心去观照万物。

四

用“指”的概念去说明个别的手指不是一般的“指”,不如用不是手指的东西去说明一般的“指”不是具体的手指;用“马”的概念去说明个别的马不是抽象的“马”,不如用不是马的东西去说明抽象的“马”不是具体的马。其实,天地就是“一指”,万物就是“一马”。

道路是走出来的,事物的名称是人们叫出来的。可以有可以的原因,不可以有不可以的原因,是有是的原因,不是有不是的原因。为什么说是?说是,是由于人们认为是。为什么说不是?说不是,是由于人们认为不是。为什么说可?说可,是因为人们认为可。为什么说不可?说不可,是因为人们认为不可。事物本来都有可认为是的地方,事物本来都有可认为可的地方。没有什么事物不能认为是，也没有什么事物不能认为可。所以，细小的草茎和巨大的木柱，丑陋的人和美貌的西施以及形形色色、神奇古怪的事情，从道的角度去看都是等同的。旧事物的分解，就是新事物的形成；新事物的形成，就是旧事物的毁坏。凡是事物都无所谓成与毁，最终都复归于一个整体。

只有通达事理的人才能理解万物都归于一个整体的道理，因此不用成毁的观点看问题，而托付于循环往复的变化，并对此加以顺应罢了。顺应它而不知它为什么会这样，这就叫做道。

耗费精神、偏执一面之词，而不知事物本来是相同的，这就是所谓“朝三”。什么叫“朝三”？有个养猴的人分发橡栗给猴子吃，说：“早上三个，晚上四个。”猴子很生气。养猴的人说：“那么早上四个，晚上三个。”猴子听了很高兴。名、实都没有亏损，只是顺着猴子喜怒的情绪去做，这也就是对猴子的顺应。所以圣人调和是非而任由事物自然均衡地发展，这就叫做“两行”。

古代的人，他们的认识有很深入的。怎么深入？有人以为宇宙本来就没有物的存在，这就是深，就是到达了尽头，无以复加了。次一等的人，以为物是存在的，但在物与物之间并无界限之分。再次一等的人，以为万物有界限之分，却没有是非之别。是非之别分明了，道就因此有了亏损。道之所以亏损的原因，也就是由于偏爱私好形成的。真的有完成和亏损吗？还是没有完成和亏损呢？如果有完成和亏损，那就像昭氏弹琴；如果没有完成和亏损，那就像昭氏不弹琴。昭文弹琴，师旷持杖打拍子，惠子靠着梧桐树与人辩论。这三个的才智和技艺都几乎登峰造极了，所以终生从事他们的事业。

正因为他们有这些专长爱好,便不同于别人;因为有这些专长和爱好,便要使别人都领会这些。别人没有领会,他们一定要使人领会,所以终生沉迷于“坚白论”那样给事物划界限、争是非的偏僻之见。昭文的儿子又继承了他父亲的琴技而耗费毕生精力,终身没有什么成就。如果像这样就可算有成就了,那么我没有成就,也可算有成就了。如果这样不能算有什么成就,那么别人与我都说不上有什么成就。因此眩耀迷乱世人的言辩,是圣人们所摒弃的。所以圣人不用成毁的观点去看问题,而托付于事物的自然变化,这就叫做“以明”——因此而真正明白了道理。

五

现在要在这里说一番话,不知它和其他言论是类同的,还是并不类同的。但无论类同不类同,既然发了言那就是一类的了,那么它与其他的言论便没有什么区别了。但尽管如此,还是让我试着说说:有人主张事物均有一个“开始”,有人主张没有“开始”,有人主张没有那种没有“开始”的事物;对一些事物有人主张“有”,有人主张“无”,有人主张没有“无”的事物,有人主张没有那种没有“无”的事物。忽然间产生了“有”、“无”,但不知道所谓“有”、“无”到底哪些是“有”,哪些是“无”。现在我已说了这些话,但不知道我果真是说了,还是并没有说。

天下没有什么东西比秋毫之末再大了,而泰山却是小的;天下没有什么人比夭折的婴儿寿命更长了,而彭祖却是短命的。天地与我同存,万物与我合为一体。既然已经合为一体了，还需要什么言论吗？但既然已经说了“合为一体”的话，还能说没有言论吗？万物一体的“一”加上关于一体的言论就成了“二”，由此所形成的“二”再加上“万物一体”的“一”，就成了“三”。这样继续下去，巧于计算的人尚且不能得出最后的数字，何况一般的人呢！因此从“无”推算到“有”，已经到了“三”，何况是从“有”推算到“有”呢？不必推算下去了，就这样了吧！

道从来没有界限，言论也从来没有固定的是非标准，如果以为存在着“是”，那就有种种界限了。请容我说明这些界限：有左，有右，有论述，有评议，有分析，有辩驳，有竞逐，有争斗，这是八种造成界线的根由。天地以外的事，圣人持保留态度而不谈论；天地以内的事，圣人谈论而不评议；《春秋》是先王治世的记载，圣人评议而不争辩。所以虽说分别彼此，实际上是有所不分，虽说争辩是非，实际上是有所不辩。要问这是为什么呢？这是因为圣人包容万物，体认一切事理而不分辨，而众人喋喋争辩是非而竞相夸示。所以说争辩是非的人都坚持片面的看法而见不到全体。

大道不能称说，大辩不用言辞，大仁不施恩惠，大廉不讲谦逊，大勇不去逞强。道说出来就不是道，言语争辩必有所不及，仁有所偏执就难以周全，廉表露形迹就不真实，勇逞强赌狠就不能成功。这五点若能牢记不忘，就差不多接近道了！因此一个人的知识能止于他所不知道的境域，就达到极点了。谁能理解不用言辞的辩论，不须称说的大道呢？若能理解，就可以称作“天府”了。注入再多也不会满，舀出再多也不会干，但又不知它来自何处，这就是隐藏不露的光明。

六

从前尧问舜说："我想讨伐宗、脍、胥敖，虽然临朝称帝，总是心里不舒服，这是什么缘故呢？"舜说："那三个小国的君主，就像生活在蓬艾之间一样。你总是放在心上，又是为什么呢？往日十个太阳同时出现，普照万物，何况道德的光辉超过太阳呢！"

啮缺问王倪说："你知道事物有共同的标准吗？"王倪说："我怎么知道！"啮缺问："你知道你所不懂的东西吗？"王倪说："我怎么知道！"啮缺说："那么事物无法知道吗？"王倪说："我怎么知道！虽然如此，还是让我试着说说：何以知道我所说的'知'并非'不知'呢？何以知道我所说的'不知'并非'知'呢？我且问问你：人睡在潮湿的地方就要腰疼，引起偏瘫，泥鳅会这样吗？人住在树上会恐惧颤抖，猿猴会这样吗？这三者哪一个知道所谓正常的居处呢？人类吃肉，麋鹿吃草，蜈蚣爱吃蛇，鸱鸦爱吃老鼠，这四者哪一个知道所谓正常的口味呢？猿和猵狙互为雌雄，麋与鹿交合相配，鳅与鱼水中同游。毛嫱、丽姬是人们公认的美女，鱼见了她们躲进深水，鸟见了她们飞向高空，麋鹿见了她们迅速奔逃，这四者哪一个知道天下真正的美色呢？就我看来，仁义的头绪、是非的途径，错杂纷乱，我怎能知道它们的区别！"

啮缺问："你不知利害，那么至人原来也不知利害吗？"王倪说："至人神奇啊！山林焚烧不能使他热，江河冰冻不能使他冷，雷霆击碎山岳不能伤他，狂风使海震荡不能使他受惊。像这样的人，乘着云气，骑着日月，遨游在四海之外，自身没有生死的变化，更何况利害的差别呢！”

七

瞿鹊子问长梧子说：“我向孔夫子说：‘圣人不从事人间事务，不谋求利益，不逃避祸害，不热衷追求，不缠绕于道。不说话就像说了一样，说了话又像没说一样，心神遨游于尘世之外。’孔夫子认为这是荒诞无稽之言，我却认为这是符合妙道的行为。你认为怎样？”

长梧子说：“这些话黄帝听了也要感到疑惑不解，孔丘又怎么能够理解！而且你对他说这些也是求之过急，就像见了鸡蛋就想得到报晓的公鸡，见了弹丸就想得到烤熟的斑鸠肉。我试着跟你随便说说，你也就随便听听吧。如何依傍日月，怀抱宇宙，与万物混为一体，将是非淆乱置之不顾，把尊卑贵贱视同一律呢？在众人熙熙攘攘之际，圣人却浑朴虚静，参透了古今历代千变万化而将万物合为一体，使自己包容一切。万物都是一体，因此互相蕴含在对方之中。

“我哪里知道贪生不是糊涂呢？我哪里知道怕死不就像是自幼流落在外而不知返回家乡呢？丽姬是艾地守边人员的女儿，晋国刚得到她时，她哭得泪水沾满了衣襟。等她到了王宫，与晋王同睡一榻，吃着美味的肉食，才后悔当初的哭泣。我哪里知道死去的人不会后悔当初的贪生呢？梦中饮酒的人，早上醒来后却发现其处境太悲惨而哭泣；梦里痛哭的人，早上醒来后却快乐地前去打猎。他正在做梦的时候，不知道是在梦中。人在梦中还会做梦，醒了以后才知道那是梦。只有在大彻大悟之后才知道人生是一场大梦。愚人自以为清醒着，好像对什么都知道得很清楚，这是君主，那是奴仆，真是鄙陋极了！孔丘和你都在做梦，我说你做梦这件事本身，也是一场梦。这些话，大概只能叫做奇谈怪论。万年之后如能遇上一个大圣人懂得这些道理，跟现在很快遇到也没有什么两样。

“既然让我与你辩论了，你胜了我，我没胜你，那你果真是对的吗？我果真是错的吗？我胜了你，你没有胜我，我果真是对的吗？你果真是错的吗？我们之间必有一方对、一方错吗？还是两人都对，或两人都错呢？我和你都不能知道，而每个人又都有其昏暗不明的一面，那我叫谁来评判是非呢？让观点与你相同的人来评判，既然他和你的观点一致，又怎能确定谁是谁非呢？让观点与我相同的人来评判，既然他与我的观点一致，又怎么能确定谁是谁非呢？让观点与你我都不同的人来评判，既然他与你我的观点都不一致，又怎么能确定我们的是非呢？让观点与你我都相同的人来评判，既然他与你我的观点一致，又怎么能确定我们的是非呢？那么，我和你以及其他人都不能互相了解，还能等待谁呢？

“什么叫做以自然的变化来调和是非？这就是：对的不就是对的，这样的也不就是这样的。假如对的一定是对的，那么对与不对的区别也就很明显，不用争辩了；假如这样的一定是这样的，那么这样的与不是这样的的区别也就明显到不用争辩了。是非之辩互相依存，又似乎并不依存。以自然的变化来调和是非，顺应事物的变化，这就是享尽天年的办法啊。忘掉生死岁月，仁义是非，逍遥于无穷无尽的境界，也将一切寄托于这无穷无尽的境界之中。”

八

罔两问影子说：“刚才你在行走，现在停止了；刚才你坐着，现在又站起来了。你为什么如此没有坚定的操守呢？”影子回答说：“我是有所依赖才这样的吧？我所依赖的东西又有所依赖才这样的吧？我有所依赖，就像蛇凭藉鳞皮而行，蝉凭藉羽翼而飞吧？我怎么知道何以这样？又怎么知道何以不这样？”

从前庄周梦见自己变成一只蝴蝶，好像真是一只翩翩起舞的蝴蝶。自己觉得很得意啊，不知道自己本是庄周！忽然醒来，又成了一个惊疑未定的庄周。不知是庄周做梦变成了蝴蝶，还是蝴蝶做梦变成了庄周？庄周与蝴蝶则必然各有自己的本分。这种转变就叫做“物化”。

养 生 主

这是一篇讲养生之道的文章。庄子认为人的生命是有限的，而知识是没有穷尽的，以有限的生命去追求无限的知识，只会带来烦恼和痛苦，只有顺应自然，克制情欲，清静无为，才能保持精神旺盛，身体强健。庄子提出的养生之道从哲学上讲是消极的，但他的有些言论是针对当时骄奢淫逸的统治者讲的，具有现实的批判精神。文章中庖丁解牛的故事，实际上意味着干事情必须掌握客观规律，只有通过反复的实践才能掌握规律。这是一个很重要的认识论问题。

一

吾生也有涯，而知也无涯。以有涯随无涯，殆已①！已而为知者，殆而已矣！为善无近名②，为恶无近刑，缘督以为经③，可以保身，可以全生④，可以养亲⑤，可以尽年。

【注释】

① 殆:危险。因生命有限而知识无限,庄子认为以有限的生命去追求无限的知识,难免劳形伤神,所以把它看成是危险的事。②"为善"二句:庄子认为富贵荣誉与罪恶刑罚都有害于养生,因而做好事不要求名,做坏事不要触犯刑罚。③ 缘督以为经:缘:因循,沿着。督:中。经:常法,正道。王夫之《庄子解》说:人身背上的中脉称督脉。缘督就是人的清气循督脉而行,可行则行,不可行则止,一切顺应自然。这一句以督脉为喻,说明一切应循着虚无自然之道进行,并且习以为常,这才是养生的妙道。④ 生:作性解,指人的天性。⑤ 亲:据高亨说,当读作新,即养其新生之机。

二

庖丁为文惠君解牛①,手之所触,肩之所倚,足之所履,膝之所踦②,砉然响然,奏刀𬴃然③,莫不中音,合于《桑林》之舞④,乃中《经首》之会⑤。

【注释】

① 庖丁:厨师,一说是名字叫丁的厨师。文惠君:人名,旧说即梁惠王。但据《竹书纪年》,梁惠王谥惠成,未见有文惠的称号。② 踦(yǐ):通"倚",抵住。③"砉然"句:砉(huā)、𬴃(huō),皆象声词,形容解牛时骨肉相离的声音。④《桑林》之舞:《桑林》,殷汤乐曲名,用这支曲伴奏的舞蹈则叫桑林之舞。⑤《经首》:尧时《咸池》乐曲中的一章。

文惠君曰："嘻，善哉！技盖至此乎？"庖丁释刀对曰："臣之所好者道也，进乎技矣。始臣之解牛之时，所见无非全牛者；三年之后，未尝见全牛也①。方今之时，臣以神遇，而不以目视，官知止而神欲行。依乎天理，批大郤，导大窾②。因其固然，技经肯綮之未尝微碍③，而况大軱乎④！良庖岁更刀，割也；族庖月更刀，折也；今臣之刀十九年矣，所解数千牛矣，而刀刃若新发于硎⑤。彼节者有间而刀刃者无厚⑥，以无厚入有间，恢恢乎其于游刃必有余地矣⑦。是以十九年而刀刃若新发于硎。虽然，每至于族，吾见其难为，怵然为戒⑧，视为止，行为迟。动刀甚微，謋然已解⑨，如土委地。提刀而立，为之四顾，为之踌躇满志，善刀而藏之⑩。"文惠君曰："善哉！吾闻庖丁之言，得养生焉。"

【注释】

①"三年"二句：此句意思是，因为对于牛体的结构已烂熟于心，故动刀解牛时只考虑和注意牛体的各部结构，而不把它看作一条活生生的全牛。② 窾（kuǎn）：空挡，指骨节间空隙。③ 技：应为"枝"。枝经：经络。肯：附在骨头上的肉。綮：筋骨结聚的地方。④ 大軱（gū）：髀骨，泛指大骨头。⑤ 硎：磨刀石。发于硎：刀打造好后必须先在磨刀石上磨得锋利了才能使用，俗称"开口"，发于硎即"开口"之意。⑥ 无厚：没有厚度，形容刀刃很薄。⑦ 恢恢乎：宽绰的样子。⑧ 怵（chù）然：小心翼翼的样子。⑨ 謋（huò）：象声词，形容牛体解开时发出的声音。⑩ 善：拭，擦。

三

公文轩见右师而惊曰①："是何人也？恶乎介也②？天与？其人与？"曰："天也，非人也，天之生是使独也。人之貌有与也③，以是知其天也，非人也。"

泽雉十步一啄，百步一饮，不蕲畜乎樊中。神虽王④，不善也。

【注释】

① 公文轩：姓公文，名轩，传说是宋国人。右师：本是官职，这里指当过右师的一个人。② 介：本意孤独，此作一只脚讲。③ 有与："有……给与"之意。这里是指天（自然）所给予。在庄子看来，即使脚是给别人所砍掉，但别人之所以砍掉他的脚，也是出于自然。④ 王：同"旺"。

四

老聃死①，秦失吊之②，三号而出③。弟子曰："非夫子之友邪？"曰："然。""然则吊焉若此，可乎？"曰："然。始也吾以为其人也④，而今非也。向吾入而吊焉，有老者哭之，如哭其子；少者哭之，如哭其母。彼其所以会之，必有不蕲言而言⑤，不蕲哭而哭者。是遁天倍情，忘其所受，古者谓之遁天之刑⑥。适来，夫子时也⑦；适去，夫子顺也。安时而处顺，哀乐不能入也，古者谓是帝之县解⑧。"

指穷于为薪⑨，火传也，不知其尽也。

【注释】

① 老聃(dān):姓李名耳,字聃,人称老子。② 秦失:人名,失又作“佚”。③ 号:大声哭。④ 其人:那个人。也即他原先所认为的老子。⑤ 言:借为“唁”。⑥ 遁天之刑:违背天理而受到的刑罚。庄子认为生死寿夭皆由天定,人要顺应自然,不为哀乐所动。假如世俗情感萦怀,就会使人心灵困苦,像遭受刑罚那样感到痛楚。⑦ 夫子:这里是普通的敬称,泛指一般人。⑧ “古者”句:此句意为自然地解除束缚。帝:天,自然。县:同“悬”,系吊。⑨ “指穷”三句:以火喻神,以薪喻形。神寓于形如同火寓于薪。形有生死,神不会泯灭,因此养生必须以神为主,以形为宾。指:当为“脂”。古代以脂膏为烛火。薪:柴火。指穷于为薪:脂膏作为柴火而被烧尽。

【翻译】

一

我的生命是有限的,而知识是无限的。以有限的生命去追求无限的知识,真是危险啊!已经有了危险,还要执着地去追求知识,那么除了危险以外就什么都没有了。做好事不要求名,做坏事不要受刑罚,以遵循虚无的自然之道为宗旨,便可以保护生命,可以保全天性,可以养护新生之机,可以享尽天年。

二

庖丁为文惠君宰牛,手触肩顶、足踩膝抵等各种动作,牛的骨肉分离所发出的砉砉响声，还有进刀解牛时哗啦啦的声音，都无不符合音乐的节奏，与《桑林》舞的节拍，《经首》曲的韵律相和谐。

文惠君说："啊，妙极了！你的技术怎么会高超到这个地步？"庖丁放下屠刀回答说："我所爱好的是道，已经超出了技术的范围。开始我宰牛时，见到的都是整体的牛；三年之后，就再也看不见整头的牛了。现在，我宰牛时全凭心领神会，而不需要用眼睛看，感觉器官的作用停止了，而心神还在运行。按照牛的生理结构，把刀劈进筋骨相连的大缝隙，再在骨节的空隙处引刀而入。因为完全依照牛体的本来结构用刀，即便是经络相连、筋骨交错的地方都没有碰到，何况那大骨头呢！好的厨师一年换一把刀，他们是用刀割；一般的厨师一个月换一把刀，他们是用刀砍；我的刀用到如今已经十九年了，宰过的牛也有几千头，可是刀刃还像刚'开口'时一样。牛的骨节间有缝隙，刀刃却薄得没有厚度，用没有厚度的刀刃切入有缝隙的骨节，宽宽绰绰，刀刃的游动运转肯定有足够的余地。所以这把刀用了十九年还像刚'开口'时一样。虽然如此，每碰到筋骨盘结的地方，我看到它很难下手，依然惶惧警惕，目光盯住此处，动作放慢。动刀虽然很轻，整条牛却哗啦一声立刻解体了，就像泥土倾倒在地上一般。我提刀站起，环顾四周，悠然自得，心满意足，然后把刀擦干净收藏起来。"文惠君说："好啊，我听了庖丁的这番话，懂得养生的道理了。"

三

公文轩看见右师而吃惊地说："这是什么人？为什么

只有一只脚？这是自然生成的，还是人为的呢？”接着又说：“这是自然生成的，不是人为的，自然造就他时就是使他只有一只脚。人的形貌都是自然所赋予的，由此可见是自然生成的，不是人为的。”

草泽中的野鸡走十步才能啄到一口食，走百步才能饮到一口水，但它并不希求被养在笼子里。在笼子里纵然很神气，但并不快乐。

四

老聃死了，秦失前去吊唁，号哭了三声就走。弟子问：“他不是老师的朋友吗？”回答说：“是的。”“那么，吊丧像这样子行吗？”秦失说：“可以。原先我以为老聃是我所认为的那个人，现在知道不是。方才我进去吊唁，有老人在哭他，像哭自己的儿子一样；有年轻人在哭他，像哭自己母亲一样。他之所以招聚来这样的吊唁者，必然是他自己也有不必吊唁而去吊唁、不必哭泣而哭泣的情况。这种情况是背弃自然，给世俗感情推波助澜的，忘了人的生命都受于自然。古时候称这种做法是违反自然所招致的刑罚。一个人偶然来到世间，这是他顺时而生；偶然离去了，这是他顺时而死。安于时运而顺应自然，一切哀乐之情就不能进入心怀，古时候称此为天帝的解脱。”

脂膏在作为烛薪燃烧后就烧尽了，火种却传续下去，没有穷尽的时候。

人　间　世

本篇主要是谈论处世哲学，主张顺应自然，不要有所作为，以保全自己的生命。这虽是一种消极的哲学，但却也反映了当时统治者的狡诈凶暴、人民的横遭杀戮、社会的动荡不安。本篇的第一个故事，写颜回因卫国国君轻用民命使人民大批死亡，想到卫国去劝告卫君，孔子却对颜回说，他这一去只能将自己的命送掉。这就可见当时统治者是根本不把人民生命放在心上的，他们也听不得不同意见，因而是典型的独夫、民贼。在另一个故事里，颜阖将去做凶残的卫灵公太子的师傅，便去请教蘧伯玉。蘧伯玉告诉他，只能一切顺着太子。这也可见当时环境的险恶。所以，庄子的这种处世哲学，正是那个可诅咒的时代的产物。我们今天当然不应接受这种处世哲学，但却可以通过这种哲学去认识那个社会。同时，从哲学上看，本篇也提出了一些相当重要的问题，如其最后论述“以无用为大用”的价值观念，实际上是提出人的社会价值和自身存在的矛盾。庄子就此所作的答案固然不对，但这个问题却是以后的东西方哲学长期探讨的问题之一。

一

颜回见仲尼①，请行。曰："奚之？"曰："将之卫②。"曰："奚为焉？"曰："回闻卫君，其年壮，其行独。轻用其国，而不见其过。轻用民死，死者以国量乎泽若蕉，民其无如矣！回尝闻之夫子曰：'治国去之，乱国就之。医门多疾。'愿以所闻思其所行，则庶几其国有瘳乎③！"

【注释】

① 颜回：字子渊，孔子学生。仲尼：即孔子，仲尼是他的字。② 卫：春秋时诸侯国，在今河南汤阴县南。③ 瘳(chōu)：治愈。

仲尼曰："嘻，若殆往而刑耳①！夫道不欲杂，杂则多，多则扰，扰则忧，忧而不救。古之至人，先存诸己而后存诸人。所存于己者未定，何暇至于暴人之所行！且若亦知夫德之所荡而知之所为出乎哉？德荡乎名，知出乎争。名也者，相轧也；知也者，争之器也。二者凶器，非所以尽行也②。

"且德厚信矼③，未达人气，名闻不争，未达人心，而强以仁义绳墨之言衒暴人之前者④，是以人恶育其美也⑤，命之曰菑人⑥。菑人者，人必反菑之，若殆为人菑夫！

【注释】

① 若：你。② 尽：竭，引申为任意。③ 矼(kòng)：诚

实。④ 衒(xuán):自矜,炫耀。⑤ 育:通"鬻",卖,此处有炫耀的意思。⑥ 菑:同"灾"。

"且苟为悦贤而恶不肖,恶用而求有以异[①]? 若唯无诏[②],王公必将乘人而斗[③]。其捷[④],而目将荧之[⑤],而色将平之[⑥],口将营之[⑦],容将形之[⑧],心且成之。是以火救火,以水救水,名之曰益多,顺始无穷。若殆以不信厚言[⑨],必死于暴人之前矣!

"且昔者桀杀关龙逢[⑩],纣杀王子比干[⑪],是皆修其身,以下伛拊人之民[⑫],以下拂其上者也,故其君因其修以挤之,是好名者也。昔者尧攻丛、枝、胥敖[⑬],禹攻有扈[⑭]。国为虚厉[⑮],身为刑戮[⑯],其用兵不止,其求实无已。是皆求名实者也,而独不闻之乎?名实者,圣人之所不能胜也,而况若乎!虽然,若必有以也,尝以语我来[⑰]!"

【注释】

① 而:你。有以异:有所区别。这里是指大同小异。② 诏:教导,帮助。这里指贤人对卫君的教导、帮助。③ 乘:欺凌,这里指思想上的交锋。④ 其:假如。⑤ 荧:眩。⑥ 平:相等。⑦ 营:救解。⑧ 容将形之:容貌上也将表现出求救的神色。形:这里作动词用,是将嘴里所表达的要求形之于容貌之意。⑨ 殆:近。信:从。厚言:多话。这里指申述自己的主张。⑩ 关龙逢(páng):夏桀时贤臣,因忠谏桀而被杀。⑪ 王子比干:殷纣王叔父,因向纣王进谏而被挖心。⑫ 是:此,指关龙逢和比干。伛(yǔ)拊(fǔ):通"呕咐",怜爱。⑬ 丛、枝、胥敖:上古三小国名。⑭ 有扈

(hù):夏时国名,在今陕西户县北。⑮“国为”句:意谓民众灭绝。《经典释文》引李颐注:“居宅无人曰虚,死而无后为厉。”⑯ 为:被,遭受。⑰ 来:语助词,无义。

颜回曰:“端而虚,勉而一,则可乎?”曰:“恶!恶可!夫以阳为充孔扬①,采色不定②,常人之所不违,因案人之所感③,以求容与其心④。名之曰日渐之德不成⑤,而况大德乎!将执而不化,外合而内不訾⑥,其庸讵可乎!”

【注释】

①“夫以”句:意谓卫君血气方刚,性情骄横,而且很明显地表现在行动举止上。阳:阳刚之气。充:满。孔:甚。扬:张扬。② 采色不定:神情多变,指卫君喜怒无常。③ 案:通“按”,压抑。感:指用以感召他的诤谏。④ 容与:没有束缚的样子,引申为纵逸,舒适。⑤ 日渐之德:指小德,日常生活中每天都会接触到的小事情方面的道德。⑥ 訾(zī):借作“资”,取。

“然则我内直而外曲,成而上比①。内直者,与天为徒②。与天为徒者,知天子之与己皆天之所子,而独以己言蕲乎而人善之,蕲乎而人不善之邪③?若然者,人谓之童子④,是之谓与天为徒。外曲者,与人为徒也⑤。擎跽曲拳⑥,人臣之礼也。人皆为之,吾敢不为邪!为人之所为者,人亦无疵焉⑦。是之谓与人为徒。成而上比者,与古为徒。其言虽教、谪之实也,古之有也,非吾有也。若然者,虽直而不病,是之谓与古为

徒。若是则可乎？”

【注释】

① 成：传统的说法。上比：上合于古人。② 与天为徒：即以天为师，效法自然。③“蕲乎”句：这是说，如果自己所说的话是反对某人某事的，希望听者也同样反对。④ 童子：比喻天真，可作童心、赤子之心解。⑤ 与人为徒：以世人为师，意谓行动随和世人。⑥ 擎（qíng）：执，指执笏（hù）。笏是古代大臣上朝拿的手板，用以记事备忘。跽（jì）：长跪。曲：曲身鞠躬。拳：拱手。⑦ 疵：毛病，此作动词，意为指责。

仲尼曰：“恶！恶可！大多政法而不谍①。虽固，亦无罪。虽然，止是耳矣，夫胡可以及化！犹师心者也。”

颜回曰：“吾无以进矣，敢问其方。”仲尼曰：“斋，吾将语若②。有心而为之，其易邪？易之者，皞天不宜③。”颜回曰：“回之家贫，唯不饮酒不茹荤者数月矣。如此，则可以为斋乎？”曰：“是祭祀之斋④，非心斋也。”回曰：“敢问心斋。”仲尼曰：“若一志，无听之以耳而听之以心⑤，无听之以心而听之以气。耳止于听，心止于符⑥。气也者，虚而待物者也。唯道集虚。虚者，心斋也。”

【注释】

① 大：通“太”。政法：纠正之法；政，通“正”。谍：稳

当。② 斋，吾将语若：我要告诉你的方法就是斋戒。此句为宾语提前的倒装句。③ 皞（hào）天：指自然。皞，明亮。④ 祭祀之斋：祭祀前的斋戒，绝荤腥，整洁身心。⑤“无听”二句：常人都是用耳听声，庄子主张不用耳听而用心听，甚至用气听，就是要对外界听而不闻，心守虚寂。气：指处于空灵虚寂状态的心灵，不是生理上的气。⑥ 符：契合，此处作感知讲。

颜回曰："回之未始得使，实有回也；得使之也，未始有回也。可谓虚乎？"夫子曰："尽矣！吾语若：若能入游其樊而无感其名①，入则鸣，不入则止，无门无毒②，一宅而寓于不得已③，则几矣。绝迹易④，无行地难。为人使易以伪，为天使难以伪。闻以有翼飞者矣，未闻以无翼飞者也；闻以有知知者矣，未闻以无知知者也。瞻彼阕者，虚室生白⑤，吉祥止止⑥。夫且不止，是之谓坐驰⑦。夫徇耳目内通而外于心知⑧，鬼神将来舍，而况人乎！是万物之化也，禹、舜之所纽也，伏戏、几蘧之所行终⑨，而况散焉者乎！"

【注释】

① 樊：藩篱。这是比喻性的说法，可以指整个人类社会，也可以指一个国家。名：名誉地位。② 毒："垛"的假借。垛，累土为台，用来传信，即烽火台。③"一宅"句：此句意谓把心灵寄托于无可奈何的境地，一切听任自然，不作主观的努力。一宅：安心于纯一之道，没有他念。宅，指心灵的居处。④"绝迹"二句：意谓逃避人世容易，但涉世无心，不留形迹就难以做到了。⑤ 瞻：观照。阕：空。虚

室：空明的心灵。室，指心室。白：纯白的光辉。⑥ 止止：前一“止”是动词，作聚集、来临解。后一“止”是名词，指凝静的心灵。⑦ 坐驰：形坐神驰的省略。意谓形体是宁静的，精神在奔驰活动。⑧ 徇：使。耳目内通：把视觉、听觉引向自身体内，犹如气功中意守丹田，收视反听。⑨ 伏戏、几蘧（jù）：传说中上古君王。伏戏，亦作伏羲。

二

叶公子高将使于齐①，问于仲尼曰：“王使诸梁也甚重。齐之待使者，盖将甚敬而不急。匹夫犹未可动，而况诸侯乎！吾甚慄之。子常语诸梁也曰：‘凡事若小若大，寡不道以欢成②。事若不成，则必有人道之患③；事若成，则必有阴阳之患④。若成若不成而后无患者，唯有德者能之。’吾食也执粗而不臧⑤，爨无欲清之人。今吾朝受命而夕饮冰，我其内热与⑥！吾未至乎事之情，而既有阴阳之患矣！事若不成，必有人道之患。是两也，为人臣者不足以任之，子其有以语我来！”

【注释】

① 叶公子高：楚庄王玄孙，封于叶，故称叶公，名诸梁，字子高。② “寡不”句：不符合道而能欢庆成功的是很少的。③ 人道之患：人祸，指君主的刑罚。④ 阴阳之患：指由喜怒哀乐的情绪影响而引起的身体阴阳失调。按，“事若不成”四句是解释“寡不道以欢成”的原因的。因为是不道之事，虽然得以成功，但仍难以排除恐惧、忧虑，再加上

由成功导致的喜悦，自不免喜惧交战而阴阳失调。⑤“吾食”二句：意谓饮食粗糙而不求好，烧饭的人不必大事烹饪，少受炉火烤灼之苦，因而无需去求清凉。臧：善，好。爨（cuàn）：烧火做饭。⑥ 内热：因忧虑而引起的肝火上升。

仲尼曰：“天下有大戒二[1]：其一命也，其一义也。子之爱亲，命也，不可解于心；臣之事君，义也，无适而非君也，无所逃于天地之间。是之谓大戒是以[2]。夫事其亲者，不择地而安之，孝之至也；夫事其君者，不择事而安之，忠之盛也；自事其心者，哀乐不易施乎前，知其不可奈何而安之若命，德之至也。为人臣子者，固有所不得已。行事之情而忘其身，何暇至于悦生而恶死！夫子其行可矣！

“丘请复以所闻：凡交近则必相靡以信，远则必忠之以言。言必或传之。夫传两喜两怒之言，天下之难者也。夫两喜必多溢美之言，两怒必多溢恶之言。凡溢之类妄，妄则其信之也莫[3]，莫则传言者殃。故法言曰：‘传其常情，无传其溢言，则几乎全。’

“且以巧斗力者，始乎阳，常卒乎阴，泰至则多奇巧[4]；以礼饮酒者，始乎治，常卒乎乱，泰至则多奇乐。凡事亦然，始乎谅，常卒乎鄙；其作始也简，其将毕也必巨。

“言者，风波也；行者[5]，实丧也[6]。夫风波易以动，实丧易以危。故忿设无由，巧言偏辞。兽死不择音，气息茀然[7]，于是并生心厉[8]。剋核太至[9]，则必有不肖之心应之，而不知其然也。苟为不知其然也，孰知其所终！故法言曰：‘无迁令，无劝成，过度益

也[10]。'迁令劝成殆事。美成在久，恶成不及改，可不慎与！且夫乘物以游心，托不得已以养中[11]，至矣。何作为报也[12]！莫若为致命[13]，此其难者[14]？"

【注释】

① 大戒：人生必须引以为戒的基本原则。② 以：通"已"。③ 莫：通"漠"，淡漠。④ 泰至：太过分，泰，通"太"。⑤ 行：这里是指传达言语，使言语由此处行至彼处。⑥ 实：充实。这里是加强之意。丧：亡失，这里指削弱。⑦ 茀（bó）：通"勃"，气息急促的样子。⑧ 心厉：狠戾之心，指害人之意。⑨ 剋核：逼迫，限制。⑩ 益：通"溢"，泛滥，越轨。⑪ 不得已：不可停止，不得不然。指事物的自然发展。庄子认为事物的自然发展是不能不如此的，也即是不得已的。⑫"何作"句：这是倒装句，意为为了回报应作什么呢？报：这里指报命，完成使命后回来报告。⑬ 致：送。⑭ 其：岂。

三

颜阖将傅卫灵公太子[1]，而问于蘧伯玉曰："有人于此，其德天杀，与之为无方则危吾国，与之为有方则危吾身。其知适足以知人之过，而不知其所以过。若然者，吾奈之何？"

【注释】

① 颜阖：姓颜名阖，相传为鲁国贤人。傅：古时贵族

子弟的老师，此处作动词用。卫灵公太子：名蒯聩。

蘧伯玉曰：“善哉问乎！戒之，慎之，正女身也哉①！形莫若就，心莫若和②。虽然，之二者有患。就不欲入，和不欲出③。形就而入，且为颠为灭，为崩为蹶；心和而出，且为声为名④，为妖为孽。彼且为婴儿，亦与之为婴儿；彼且为无町畦⑤，亦与之为无町畦；彼且为无崖⑥，亦与之为无崖。达之，入于无疵。

“汝不知夫螳螂乎？怒其臂以当车辙⑦，不知其不胜任也。是其才之美者也⑧。戒之，慎之，积伐而美者以犯之⑨，几矣！

“汝不知夫养虎者乎？不敢以生物与之，为其杀之之怒也；不敢以全物与之，为其决之之怒也。时其饥饱，达其怒心⑩。虎之与人异类，而媚养己者，顺也；故其杀者，逆也。

“夫爱马者，以筐盛矢⑪，以蜄盛溺⑫。适有蚊虻仆缘⑬，而拊之不时⑭。则缺衔毁首碎胸。意有所至而爱有所亡⑮，可不慎邪！”

【注释】

① 女：同“汝”。② 和：调和，此处有诱导的意思。③ 出：显露。④“且为”二句：将造就声誉，同时成为妖孽。因太子既知其内心与自己协调，自会多方称赞，颜阖在一部分人中就会很有名望，但憎恶太子的人也必然视颜阖为妖孽。妖孽：凶险灾祸。⑤ 町（tǐng）畦（qí）：田界，引申为限制、约束。⑥ 无崖：无拘束。崖，通“涯”。⑦ 车辙：车轮碾过的痕迹，此处指车轮。⑧ 是：此，指螳臂。⑨ 积：屡次。

伐：夸耀。而：你。⑩“达其”句：使怒气不与它的心相接触。《说文》：“达，行不相遇也。”⑪ 矢：同“屎”。⑫ 蜃（shèn）：大蛤，此处指大蛤壳。⑬ 仆缘：攀附。⑭ 不时：不是时候。如马正在睡眠时，在它身上拍打，会影响其睡眠，这就是“不时”。⑮ 亡：失。

四

匠石之齐[①]，至于曲辕[②]，见栎社树[③]。其大蔽数千牛，絜之百围[④]，其高临山，十仞而后有枝，其可以为舟者旁十数[⑤]。观者如市，匠伯不顾，遂行不辍。弟子厌观之，走及匠石，曰：“自吾执斧斤以随夫子，未尝见材如此其美也。先生不肯视，行不辍，何邪？”曰：“已矣，勿言之矣！散木也。以为舟则沉，以为棺椁则速腐[⑥]，以为器则速毁，以为门户则液樠[⑦]，以为柱则蠹[⑧]，是不材之木也。无所可用，故能若是之寿。”

【注释】

① 匠石：姓石的木匠。② 曲辕：地名。③ 栎（lì）：树名。④ 絜（xié）：用绳子计量圆柱形物体的粗细。⑤ 旁：旁枝。⑥ 椁（guǒ）：古代棺材外还有一层，称为椁。⑦ 液樠：谓像松木心一样脂液溢出，说明木质疏松。樠（mán），渗出貌。⑧ 蠹（dù）：蛀虫，此作动词，意为被虫蛀。

匠石归，栎社见梦曰[①]：“女将恶乎比予哉？若将比予于文木邪？夫柤梨桔柚果蓏之属[②]，实熟则剥[③]，剥则辱。大枝折，小枝泄[④]。此以其能苦其生者也。

故不终其天年而中道夭，自掊击于世俗者也⑤。物莫不若是。且予求无所可用久矣！几死，乃今得之，为予大用。使予也而有用，且得有此大也邪？且也若与予也皆物也，奈何哉其相物也⑥？而几死之散人，又恶知散木！”

匠石觉而诊其梦⑦。弟子曰：“趣取无用⑧，则为社何邪？”曰：“密，若无言！彼亦直寄焉。以为不知己者诟厉也⑨，不为社者，且几有翦乎！且也彼其所保与众异，而以义喻之，不亦远乎！”

【注释】

① 见：现。② 柤：通“楂”，山楂。果蓏（luǒ）：果品，有核叫果，无核叫蓏。③ 剥：通“扑”，指遭扑打采摘。④ 泄：通“抴（yè）”，拉，牵扭。⑤ 掊（pǒu）击：打击。⑥ 相：观察并判断。⑦ 诊：通“畛”，告。⑧ 趣：意趣。⑨ 不知己者：指匠石弟子那样误认其为美材的人。诟：羞耻。厉：危险。把它误认为美材，对它来说既是羞耻（它认为那些美材都是“以其能苦其生”、不符合大道的），又很危险（因为会被砍伐）。

南伯子綦游乎商之丘①，见大木焉，有异：结驷千乘，将隐芘其所藾②。子綦曰：“此何木也哉！此必有异材夫！”仰而视其细枝，则拳曲而不可以为栋梁；俯而视其大根，则轴解而不可以为棺椁③；咶其叶④，则口烂而为伤；嗅之，则使人狂酲三日而不已⑤。子綦曰：“此果不材之木也，以至于此其大也。嗟乎神人⑥，以此不材。”

宋有荆氏者[7]，宜楸柏桑。其拱把而上者[8]，求狙猴之杙者斩之[9]；三围四围，求高名之丽者斩之[10]；七围八围，贵人富商之家求椫傍者斩之[11]。故未终其天年而中道之夭于斧斤，此材之患也。故解之以牛之白颡者[12]，与豚之亢鼻者，与人有痔病者，不可以适河[13]，此皆巫祝以知之矣[14]，所以为不祥也。此乃神人之所以为大祥也。

【注释】

① 南伯子綦：即《齐物论》中的南郭子綦，为南郭之长，故称为伯。商之丘：即商丘，宋国国都。② 芘：通“庇”。藾（lài）：荫。所藾，指遮荫的地方。③ 轴解：谓木心疏松分裂。轴，本指车轮中心的圆柱，这里借指树心。④ 咶（shì）：同“舐”。⑤ 酲（chéng）：醉。⑥“嗟乎”二句：这是“以此不材，嗟乎神人”的倒装句。⑦ 荆氏：宋国的地名。⑧ 拱：两手合握。把：一手所握。⑨ 杙（yì）：小木桩。⑩ 高名：荣华高大。丽：屋栋。⑪ 椫（shàn）傍：整块木板做的棺材。⑫ 解：禳解，为了去除祸殃的祭祀。⑬ 适：往。⑭ 以：通“已”。

五

支离疏者[1]，颐隐于脐，肩高于顶，会撮指天[2]，五管在上[3]，两髀为胁[4]。挫针治繲[5]，足以糊口；鼓筴播精[6]，足以食十人。上征武士，则支离攘臂而游于其间[7]；上有大役，则支离以有常疾不受功；上与病者粟，则受三钟与十束薪⑧。夫支离其形者⑨，犹足以养其身，终其天年，又况支离其德者乎！

【注释】

① 支离疏:作者假设的人名。支:通“肢”。离:相并。其人极度伛偻,以致上肢与下肢相并,也即下文所说的“两髀为胁”。疏:通。指其在生活中无所阻碍。② 会撮:发髻。③ 五管:五脏的腧穴,均在脊中。④ 髀:大腿。胁:同“胁”,肋骨。⑤ 挫:拿。緉(xiè):旧衣服。⑥ 鼓筴:簸箕。播:扬,这里为簸扬之意。糈:脱谷的精米。⑦“上征”二句:意谓支离疏形体残缺,不必服兵役。统治者征召武士时,他悠然自得地跑来跑去,无应征入伍之忧。攘臂:捋起袖子,露出臂膀,这里是悠然自得的样子。⑧ 钟:容量单位,六斛四斗为一钟。⑨ 支离其形:指在形体上不循常轨。因上、下肢本不应相并,所以这种上、下肢极度相并的现象是打破了形体的常轨。

孔子适楚，楚狂接舆游其门曰①：“凤兮凤兮，何如德之衰也。来世不可待，往世不可追也。天下有道，圣人成焉；天下无道，圣人生焉②。方今之时，仅免刑焉！福轻乎羽，莫之知载；祸重乎地，莫之知避。已乎，已乎，临人以德！殆乎，殆乎！画地而趋③！迷阳迷阳，无伤吾行。吾行郤曲，无伤吾足。”

山木，自寇也④；膏火，自煎也。桂可食，故伐之；漆可用，故割之。人皆知有用之用，而莫知无用之用也。

【注释】

① 游：作走过解。② 生：进。③ 画地而趋：自己画定圈子往里走，意谓自己束缚自己。④ 寇：害。山木遭砍伐是因为它自己对人类有用，所以这是它自己害自己。

【翻译】

一

颜回去见孔子辞行，孔子问他："到何处去？"颜回说："将要到卫国去。"孔子问："去干什么呢？"颜回说："我听说卫君正当壮年，行为独断专横。他轻易动用国家的力量，却看不到自己的过失。他不珍惜人民的生命，为国家而死的人积满山泽，好像草芥一般，人民走投无路了！我曾从先生那里听说：'离开安定的国家，到危乱的国家去。医生的家中病人多。'我愿以先生的教诲指导自己的行动，或许那个国家可以有救吧。"

仲尼说："唉，你恐怕只是去受刑而已。道不宜庞杂，庞杂了就要多事，多事就要发生扰乱，发生扰乱就要引起忧患，发生忧患就不可挽救了。古代的至人，先省察自己，然后才去省察别人。自己尚未省察定当，又怎能有闲暇去顾及暴虐的人的行为！再说，你是否知道道德为什么会沦丧，智谋为什么会产生吗？道德沦丧于求名，智谋产生于竞争。名是人们互相倾轧的祸根；智是人们互相争夺的工具。这二者都是伤人的凶器，是不可随便动用的。

"一个人道德纯厚、诚信可靠而不理解人的质性，名闻天下、与人无争而不理解人的内心，而又硬要用仁义、规矩之类言论在暴虐者面前炫耀，这是借别人的恶行来炫耀自己的美德，这叫做害人。害人的人，别人一定会反过来害他。你恐怕就要被人害了。

“假如卫君能够尊重贤才，厌恶不肖之徒，又何用你去跟那些贤才们提出大同小异的请求？如果他身边本无贤人的教导、帮助，卫君一定会盛气凌人地跟你斗。假如他战胜了你，你的眼睛就将黯然无光，神色将同样惨淡，口中将喃喃求救，面容将恭谨乞怜，内心也将赞同卫君的主张。这是以火救火，以水救水，这就叫做‘益多’——使原有的东西越来越多。你在开始时既已顺从了他，以后就只能没完没了地顺从下去。如果你一开始就近于不服从而多说些申述自己主张的话，就必定要死在暴君面前了。

“而且，从前桀杀关龙逢，纣杀王子比干，这都是从事自身的道德修养，从而以臣下而抚爱国君的百姓，以臣下而触犯其君上的人，所以他们的君王因为他们的道德修养而害了他们。这些是爱好名声的人。以前尧攻打丛、枝、胥敖三国，禹攻打有扈。这些国家里的人都死光了，国君自身也遭受刑戮，就是因为他们不断用兵打仗，不停地追求实利。以上这些被杀的都是贪图名利的人，你难道没有听说过吗？名利之心，是圣人们所不能克服的，何况你呢？虽然如此，你一定还有什么理由，你且向我说说。”

颜回说：“端谨而虚内，勤勉而纯一，这样行吗？”孔子说：“啊！这怎么行呢？卫君刚猛之气充盈于内，以致强烈地发扬于外，喜怒无常，一般人都不敢违背他，他也借此压制别人的箴规，只求自己内心的舒适。这叫做小德感化都不会生效，何况用大道去规劝！他将顽固不化，即使表面赞同，内心却并不采纳。你的想法怎么能用呢？”

颜回说：“既然如此，那么我就内心率直而表面婉转，引用古人成说而比附前代的人。内心率直，就是仿效自然。仿效自然的人，知道君王与我都是上天的儿子，那又何必一定要用自己的语言去求得别人的赞同，或用自己的话去求得别人的反对呢？假如这样，人家就会说我像儿童一样，这就叫效法自然。外表婉转，是效法一般人。执笏跪拜，曲身鞠躬，是做臣子的礼节。别人都这样做，我敢不这样做吗？做别人所做的事，别人也就不会指责我了。这就叫做效法一般人。引用古人而比附前代的人，是以古人为师。那些话实际上是教诲、指责，但古时候就已有了，并不是我的创造。这样，言论虽然直率却不会被人憎恨。这就叫做以古人为师，这样可以不可以呢？”

仲尼说：“啊！这怎么行呢？像这样纠正君主的方法别人已经用得太多了，而且也不恰当。这些办法虽然浅陋，倒也可以使你免罪。然而，也只不过如此而已，又怎么能够用来感化别人呢？你这还是以心为师，听任心的支配。”

颜回说：“我再也没有更好的方法了，请问您有什么方法？”仲尼说：“斋戒，这就是我要告诉你的。用你的心去做一件事，这是比较容易的吧？但其所以容易，就因为违背了自然之理。”颜回说：“我家境贫穷，不喝酒不吃荤已经有几个月了。这样可以算斋戒了吧？”孔子说：“这是祭祀的斋戒，不是‘心斋’。”颜回说：“请问什么是‘心斋’？”仲尼说：“你凝一心志，不要用耳朵去听声音，而要用心去听；进而不要用心去听，而要用气去听。耳朵不再去听声音，心停止感应。气这种东西是虚空而能容纳万物的。道也就在这种虚空之中。这虚空的境界，就是'心斋'。"

颜回说："我在未运用心斋时，觉得我颜回这个人是实有的；得以运用心斋后，就感觉不到自己的存在了。这可以称为虚吗？"夫子说："这就够了！我告诉你：你如能进入樊篱而不受名的诱惑，人家听得进就说，听不进就不说，不立门户，不设壁垒，使凝静的心灵处于不由自主的状态，那就差不多了。不走路容易，走路而不在地上走就难了。为人情所驱使容易作伪，为天性所驱使就难以作伪。只听说有翅膀才能飞，从未听说没有翅膀也能飞的；只听说有智慧才能理解事物，从未听说没有智慧也能理解事物的。观照空虚的境界，凝静的心灵就会产生出光明，福善就会降临在凝静的心灵之中。如果心灵不能保持凝静，就叫做'坐驰'。把耳、目的感觉引向体内，排除心智的作用，鬼神将会来依附，更何况人呢！这是万物化育的途径，禹、舜以此作为治理天下的关键，伏羲、几蘧以此作为终身奉行的准则，更何况普通的人呢！"

二

叶公子高将出使到齐国去，问仲尼说："君主委派我的使命很重要。齐国接待使者，总是态度恭敬，办事拖拉。普通的人尚且不能使他改变主意，更何况诸侯呢！我很害怕。先生常对我说：'凡事无论大小，不符合道而能欢庆成功的是很少的。事情若不成功，必遭人君的处罚；事情若成功了，必有阴阳失调的病灾。无论事情成与不成都无后患，只有有德的人才能做到。’我吃东西只取粗糙而不好的食品，连烧火做饭的人也不需要解凉散热。现在我早上接受使命，傍晚就要喝冰水求凉快，大概是患了内热症吧！我还未接触到事情的实际，就已有阴阳失调的病患了！事情若办不成，必定要遭到人君的处罚。这是双重的灾难，做人臣的承担不了，请先生教导我吧！”

仲尼说：“天下应该遵循的法则有二条：一是‘命’，二是‘义’。儿子爱双亲，是出于自然天性的命，心中不能忘怀；臣子为国君效劳，是遵循道德规范的义，无论到什么地方都不会没有君主，这在天地间是逃避不了的。这就叫做‘大法’。奉养双亲，无论在什么地方都能使他们安适，这是最高的孝；为君主效力，无论什么事情都要能使君主安心，这是最高的忠。对待自己的心，不让哀乐交互施加其上，知道那一切都是无可奈何的因而安然处之，好像那就是命，这是最高的道德。作为臣民子女的人，总有不得不去做的事情。按照实际情况去做而忘却自身的一切，哪里还有贪生怕死的余暇呢！你这样去做就可以了。

“让我把自己所听到的向你复述一下：凡与邻近的国家相交，必须用诚信来使彼此亲睦；与远方的国家相交，必须以言辞来表达彼此的忠诚。言辞必须有人来传达。传达使双方都高兴或双方都愤怒的言辞，是天下最难的事。使双方都高兴的言辞必定有许多把好处说过头的话，使双方都愤怒的言辞必定有许多把坏处说过头的话。凡是过头的言辞都是虚妄的，虚妄的言辞就使人君不相信，人君不相信就使传言的人遭殃，因此格言说：‘要传达其实际情况，不要传达过头的言辞，那就有可能保全自己了。’

“另外，凭借智巧来争斗的人，开始时明争，最后总是使暗计，到极端时就诡诈百出；按照礼仪饮酒的人，开始时很守规矩，最后总是醉酒迷乱，到极端时就放荡行乐。一切事情都是这样，开始时彼此诚实，最后总是互相鄙弃；事情刚开始做时很简易，将要完成时就必定很艰巨了。

“言语就像风波，传达言语则使风波增强或削弱。风波容易撼动事物，增强或削弱风波就容易产生危险。所以愤怒的产生没有别的因由，只是由于花言巧语和偏激之词。野兽临死时不管声音是否好听，只是狂吼乱叫，气息急促，并且还会产生吃人的恶念。如果逼迫太过，对方就一定会产生邪恶的心念来对付，而他却还不知道这是怎么一回事。如果使别人产生了邪恶的心念，自己还莫名其妙，又有谁能知道这个人会有怎样的结局！所以格言说：‘不要篡改君王的命令，不要强求事情的成功，做事超过了限度就会灭亡。’篡改君王的命令，强求事情的成功，是要坏事的。做成一件好事需要很长时间，办坏一件事情就后悔不及了，哪里能不谨慎呢！凌驾万物之上而使心灵自由活动，托身于事情的自然发展之中以保养内心的中和虚静，这是最好的了。为了能完成使命回来向君主报告，应该做什么呢？还不如把君王要你说的话忠实地传送给对方，这难道是难事吗？”

三

颜阖将担任卫灵公太子的师傅，去问蘧伯玉：“有这样一个人，他的天性好杀。与他相处不坚持原则，就要危害国家，与他相处坚持原则，就要危及自身。他的智慧刚够知道别人逾越了他的规定，却不知道别人之所以这样做的原因。像这样的情况，我该怎么办？”

蘧伯玉说：“你问得好呵！要警惕、谨慎，首先要端正你自身！在外表上不如亲近他，在内心不如与他协调。虽然如此，这两种做法还会有祸患。要亲近他而不陷进去，与他协调而不表露出来。外表亲近他而陷进去，就会颠覆、灭亡，毁败、仆蹶；内心与他协调而表露出来，就会带来声名，同时成为妖孽。他像婴儿那样任性，你也随着他像婴儿一样任性；他行为不受限制，你也像他那样行为不受限制；他放荡不羁，你也像他那样放荡不羁。你若能做到这样，就进入了无可挑剔的境界。

“你不知道那螳螂吗？奋力举起臂膀去阻挡车轮，不知道自己力不胜任。臂膀是其身上能力最强的部分。你要警惕，谨慎啊，屡屡夸耀你的特长去触犯他，那就和螳臂挡车差不多了。

“你不知道那养虎的人吗？不敢喂虎活的动物来引发其扑杀生物时的怒气；不敢喂虎完整的动物来引发其撕裂生物的怒气。使它饥饱适时，不让怒气与它的心相接触。虎与人是异类，却能媚顺喂养自己的人，这是因为养虎的人顺着它的习性；所以老虎伤人，是因为人们违逆了它的习性。

“爱马的人，用竹筐承接马粪，用大蛤壳承接马尿。偶有蚊虻叮在马身上，养马人就赶快拍打，即使那并非宜于拍打之时。这样，马就会受不了，咬断口勒、毁坏笼头、撕碎肚带而逃去。他对马的心意可谓无所不至，而他对马的爱却使马逃亡，这难道可以不谨慎吗？”

四

匠石去齐国，走到曲辕，看见一棵被供奉为土地神的栎树。它的大能供几千头牛遮荫，量了一下，树干有一百围那样粗，树身高出山顶，七八十尺以上才长出枝桠，可以做船的枝桠就有十几根。围观这棵树的人像赶集一样。匠伯却不看一眼，只管不停地赶路。他的徒弟饱看了一通，追上匠石，说："自从我拿起斧头跟随师傅以来，未曾见过木材有像这么好的。师傅不屑一顾，不停地赶路，这是为什么呢？"匠石说："算了罢，不要提它了。那是没有用处的木材。用它做船要沉下去，做棺椁很快就会腐烂，做器具很快就会毁坏，做门户就会像松木心一样脂液溢出，做柱子就会被虫蛀，这是不成材的树木。因为它没有一点用处，所以才会这样长寿。"

匠石回家，栎树托梦给他说："你要拿我和什么相比呢？你要把我与有用处的树木相比吗？山楂树、梨树、桔树、柚树，以及其他结出有核或无核果子的树木，果实熟了就要遭到采摘，一采摘树就要受摧残。大枝被拗断，小枝被扭折。这是由于其有用而伤害了自己生命的啊，所以不能享尽天年而中途夭折，自讨世俗的打击。事物无不如此。况且我追求毫无用处的境界已经很久了！曾经几乎死去，直到如今才能达到目的，这就是我的大用。假使我也有用，还能够长到这么大吗？而且你与我都是物，你凭什么来观察和判断物呢？你是将死的无用之人，又怎能了解我这无用的木材！"

匠石醒来，把梦告诉弟子。弟子说："栎树既然其意在追求无用，那么它做社神又是为什么呢？”匠石说：“住口，你别说了！它也不过寄身于社罢了。由于为不了解的人所羞辱和危害，它如不为社神，岂不就要招致砍伐之祸了吗？况且它保全自己的方法与众不同，你以常理去理解它，不是相差太远了吗？”

南伯子綦在商丘游览，看见一棵树，大得出奇：千辆四匹马拉的车子可以隐息在它的树荫之下。子綦说：“这是什么树啊！这一定有特异的材质吧。”仰头看它的细枝，却弯曲而不能用来做栋梁；低头看它的大根，则木心分裂而不能做棺椁；舔舔它的叶子，嘴里就溃烂而受伤；闻它一下，就使人狂醉三天还醒不过来。子綦说：“这果然是不成材的特异树木，所以能如此之大。如此不成材，唉，真是神人！”

宋国有个叫荆氏的地方，适宜于种植楸树、柏树和桑树。这些树长到拱、把的时候，那些寻找拴猕猴木桩的人就来砍伐；长到三四围粗的时候，寻找高屋大厦栋梁的人就来砍伐；长到七八围粗的时候，贵人富商之家寻找整块板子做棺材的人就来砍伐。所以这些树未能活到其生命自然结束的年份，中途遭刀斧的砍伐而夭折，这就是其材有用而带来的祸患啊。因此在从事去除祸殃的祭祀时，白额头的牛、鼻孔朝天的小猪和有痔漏病的人不可以扔到河里祭神，这些都是巫祝所知道的，从而被认为是不吉祥的。然而这正是神人所认为的最大的吉祥。

五

支离疏这个人，下巴被肚脐所遮蔽，肩膀比头顶还高，发髻朝天竖起，五脏的腧穴皆在上面，两条大腿骨并连着胁骨。他缝衣浆洗，足以糊口，用簸箕簸扬精米，够十个人吃。君王征召武士，支离疏悠然自得地在其间跑来跑去；君王有大劳役时，支离疏因身染痼疾而不必服役；君王给贫病之人发放粮食，支离疏可以领到三钟粟和十捆柴，形体上打破常轨的人，尚且可以养身，享尽天年，又何况那些在道德上打破常轨的人呢！

孔子到楚国，楚国狂人接舆经过他的门前，说："凤啊凤啊，你的德何以如此地衰颓。来世不可期待，往世不可追回。天下遵循正道，是圣人成就的功业；天下不遵循正道，圣人就把它向前推进。可在当今的时代，圣人也只能免遭刑罚罢了。幸福比羽毛还轻，没有人把它负载在自己身上；祸患比大地还重，没有人知道把它避开。完了啊，完了啊，用自己的道德来傲视别人。危险啊，危险啊，把自己束缚在自己的圈子内。荆棘啊荆棘，不要妨碍我的行进。我曲折地向前走，不要刺伤我的双脚。"

山木是自己害自己，脂膏被烧是它自己煎熬自己。桂树可以吃，所以遭砍伐，漆树可以用，所以受切割。人们都知道有用的用处，却没有人知道无用的用处。

德充符

题目的意思是"道德完美的标志"。本篇主旨说明一个人是否有"德"不在于外表，而在于内心的修养。有的人形体残缺，却道德完美；有的人形体健全，却道德残缺。道德完美，可以化丑为美，化缺为全。真正有德的人，内心充实，表面却看不出来。庄子所要求的道德，不是世俗的道德观念，而是符合于他所谓"自然之道"的修养。道德高尚的人，能够保持心地的明净，思想感情不受外界的影响。文章最后告诫人们节制情欲，不要违反自然规律去追求养生之道。庄子的道德观，与他提出的"自然之道"的宇宙观和"清静无为"的人生观是一致的。他的人生观和宇宙观中虽有不少问题，但他的把"德"放在第一位的价值观，却一直为后人所继承。

一

鲁有兀者王骀①，从之游者与仲尼相若。常季问于仲尼曰②："王骀，兀者也，从之游者与夫子中分鲁。

立不教，坐不议。虚而往，实而归。固有不言之教，无形而心成者邪③？是何人也？”仲尼曰：“夫子，圣人也，丘也直后而未往耳④！丘将以为师，而况不若丘者乎！奚假鲁国⑤，丘将引天下而与从之。”

【注释】

① 兀（wù）者：被判刑而砍去一脚的人。王骀：虚构的人名。② 常季：孔子弟子。③“无形”句：无形中从心里领会，指潜移默化之功。④ 直：宜。后：追随在后，这里指做他的学生。⑤ 奚假：何止。

常季曰：“彼兀者也，而王先生①，其与庸亦远矣。若然者，其用心也，独若之何？”仲尼曰：“死生亦大矣，而不得与之变；虽天地覆坠，亦将不与之遗②；审乎无假而不与物迁③，命物之化而守其宗也④。”

【注释】

① 王（wàng）：胜过。② 遗：失。③ 审：精审。无假：无所凭借，不依靠任何东西。④ 命物之化：对万物的变化发号施令，这里指凌驾于万物之上。宗：事物的根本原则，即大道、自然。

常季曰：“何谓也？”仲尼曰：“自其异者视之，肝胆楚越也；自其同者视之，万物皆一也。夫若然者，且不知耳目之所宜①，而游心乎德之和②。物视其所一而不见其所丧③，视丧其足犹遗土也。”

【注释】

①“且不”句：不知道耳目各适宜什么。也即不知道耳宜于听，目宜于视。庄子在提倡“心斋”时，曾主张不以耳听，而以心听。同样的理由，当然应该不以目视而以心视。耳目的职能既已丧失，自然要“不知耳目之所宜”了。② 和：指取消心物之间的界限而达到统一的境界。③ 物视：即视物。丧：指得失。

常季曰：“彼为己，以其知得其心①，以其心得其常心。物何为最之哉②？”仲尼曰：“人莫鉴于流水而鉴于止水③，唯止能止众止。受命于地④，唯松柏独也正，在冬夏青青；受命于天，唯尧、舜独也正，在万物之首。幸能正生⑤，以正众生。夫保始之征⑥，不惧之实。勇士一人，雄入于九军⑦。将求名而能自要者而犹若是⑧，而况官天地⑨、府万物⑩、直寓六骸⑪、象耳目⑫，一知之所知而心未尝死者乎！彼且择日而登假⑬，人则从是也⑭，彼且何肯以物为事乎⑮！”

【注释】

①“以其”二句：意谓用智慧去恢复心灵，用心灵去求得自然的本心。这里所说的心相当于自我意识。常心：自然的本心，也即经过庄子所谓“心斋”的心。② 最：聚。③“人莫”句：意谓水静则清，人自会停下临照。比喻王骀虽不教徒，但他自己修养深厚，人们自然拜他为师。④ 命：性。因为树木享受地气而生长，所以说受性于地。⑤ 生：通“性”。⑥ 保：守。始：本始，这里指自然所赋予的本性。

⑦ 雄入：冲入。九军：古时天子六军，诸侯三军，通称九军。此处极言军队之多。⑧ 自要(yāo)：犹言自己争取。要，要求。⑨ 官：官舍。⑩ 府：府库。⑪ 直：但。六骸：头、身、四肢。⑫ 象耳目：言把耳目当作虚设的形式。没有视听的功能。象：虚象，形式。⑬ 彼：指王骀。且：将。假：远。登假：亦作"登遐"，升入高远之处，通常指帝王去世，意谓其已离开人间，升入远空。这里指精神世界的升华。⑭ 则：同"辄"，总是。是：此，这里指上句的"彼"，即王骀。⑮ 肎：古"肯"字。物：这里指人，即上句"人则从是也"的"人"。

二

申徒嘉[①]，兀者也，而与郑子产同师于伯昏无人[②]。子产谓申徒嘉曰："我先出则子止，子先出则我止。"其明日，又与合堂同席而坐。子产谓申徒嘉曰："我先出则子止，子先出则我止。今我将出，子可以止乎？其未邪？且子见执政而不违[③]，子齐执政乎[④]？"申徒嘉曰："先生之门固有执政焉如此哉？子而说子之执政而后人者也[⑤]。闻之曰：'鉴明则尘垢不止[⑥]，止则不明也。久与贤人处则无过。'今子之所取大者[⑦]，先生也，而犹出言若是，不亦过乎！"

【注释】

① 申徒嘉：姓申徒名嘉，郑国贤人。② 郑子产：姓公孙，名侨，字子产，郑国大夫。伯昏无人：虚构的人名，寓有

昏而不明，丧失自我的意思。③ 执政：子产为郑国执政大臣，子产以此自称。④ 齐：作动词，认为……一样。⑤ 说：同“悦”，此处有夸耀的意思。后人：看不起人。⑥ 止：集。⑦ 取：求取。大：指道德的高大、学问的广大等。

子产曰：“子既若是矣，犹与尧争善。计子之德，不足以自反邪？”申徒嘉曰：“自状其过以不当亡者众①，不状其过以不当存者寡。知不可奈何而安之若命，唯有德者能之。游于羿之彀中②。中央者，中地也③；然而不中者，命也。人以其全足笑吾不全足者多矣，我怫然而怒④，而适先生之所，则废然而反⑤，不知先生之洗我以善邪？吾与夫子游十九年矣，而未尝知吾兀者也。今子与我游于形骸之内⑥，而子索我于形骸之外⑦，不亦过乎！”子产蹴然改容更貌曰⑧：“子无乃称⑨！”

【注释】

① 状：陈述，此处有文过饰非的意思。亡：亡足，指受刑断脚。② 羿：古代最善于射箭的人。彀(gòu)中：箭射出去所能达到的有效范围。彀，张满弓弩。③ 中地：指瞄准命中的地方。④ 怫(bó)然：发怒的样子。怫，通“勃”。⑤ 废：消除。⑥“游于形骸之内”：指作为同学，应在道德学问上共同切磋。道德学问都是心灵的活动，所以说“游于形骸之内”。⑦ 形骸之外：指形体。⑧ 蹴(cù)然：惊惭变色。⑨ 乃：通“仍”。乃称：仍然说下去。

三

鲁有兀者叔山无趾①，踵见仲尼②。仲尼曰：“子

不谨，前既犯患若是矣③。虽今来，何及矣！”无趾曰：“吾唯不知务而轻用吾身④，吾是以亡足。今吾来也，犹有尊足者存，吾是以务全之也。夫天无不覆，地无不载，吾以夫子为天地，安知夫子之犹若是也！”孔子曰：“丘则陋矣！夫子胡不入乎？请讲以所闻。”无趾出。孔子曰：“弟子勉之！夫无趾，兀者也，犹务学以复补前行之恶，而况全德之人乎⑤！”

【注释】

① 叔山无趾：虚构的名字。无趾：这里指无足，因其已割去一足。② 踵：频。③ 犯患：遭殃，指受刑。④ 轻用吾身：不知爱惜自己，以身试法的意思。⑤ 全德：这里指没有犯过罪，因而也没有因受刑而弄得肢体不全的人。

无趾语老聃曰：“孔丘之于至人，其未邪？彼何宾宾以学子为①？彼且蕲以諔诡幻怪之名闻，不知至人之以是为己桎梏邪②？”老聃曰：“胡不直使彼以死生为一条③，以可不可为一贯者，解其桎梏，其可乎？”无趾曰：“天刑之④，安可解！”

【注释】

① 宾宾：频频。学子：学于子。子，指老聃。② 桎(zhì)梏(gù)：镣铐，在脚叫桎，在手叫梏。③“胡不”二句：意谓生死是非相通。条、贯，皆一致相同之意。④ 天刑之：言孔子好名业已根深蒂固，犹如上天施加于他的刑罚，牢不可破。

四

鲁哀公问于仲尼曰："卫有恶人焉，曰哀骀它[①]。丈夫与之处者[②]，思而不能去也；妇人见之，请于父母曰'与为人妻，宁为夫子妾'者[③]，十数而未止也。未尝有闻其唱者也[④]，常和人而已矣。无君人之位以济乎人之死，无聚禄以望人之腹[⑤]，又以恶骇天下。和而不唱，知不出乎四域[⑥]，且而雌雄合乎前，是必有异乎人者也。寡人召而观之，果以恶骇天下。与寡人处，不至以月数，而寡人有意乎其为人也[⑦]；不至乎期年[⑧]，而寡人信之。国无宰，寡人传国焉。闷然而后应[⑨]，氾若辞[⑩]。寡人丑乎，卒授之国。无几何也，去寡人而行。寡人恤焉若有亡也[⑪]，若无与乐是国也。是何人者也！"

【注释】

① 哀骀(tái)它(tuó)：作者假设的人名。② 丈夫：年满二十岁的成年男子，泛指男人。③ 请：告。④ 唱：同"倡"，倡导。⑤ 禄：政府给予官员的粮食。望：本指月圆，引申为饱满。⑥ 四域：指近身四周。域，居处。⑦ 有意：留意，细心观察，引申为赏识。⑧ 期(jī)年：一周年。⑨ 闷然：没有觉察的样子。⑩ 氾若：漫不经心的样子。⑪ 恤：忧虑。

仲尼曰："丘也尝使于楚矣[①]，适见㹠子食于其死母者[②]，少焉眴若皆弃之而走[③]。不见己焉尔，不得类焉尔[④]。所爱其母者，非爱其形也，爱使其形者也[⑤]。战

而死者⑥，其人之葬也不以翣资；刖者之屦，无为爱之；皆无其本矣。为天子之诸御⑦，不爪翦⑧，不穿耳⑨；取妻者止于外⑩，不得复使。形全犹足以为尔⑪，而况全德之人乎！今哀骀它未言而信，无功而亲，使人授己国，唯恐其不受也，是必才全而德不形者也⑫。"

【注释】

①使：出使。孔子无出使楚国之事，但庄子所述多为寓言，所以孔子虽无出使楚国之事，庄子也仍有可能如此说。②㹠（tún）：通"豚"，小猪。③眴（shùn）：眼睛不停地转动的惊慌神态。④"不得"句：意为不相类似，不像活着的样子。⑤使其形者：形体的主宰，即精神。⑥"战而"二句：战死沙场的人，没有棺材装殓，因而也用不着棺材的装饰品。翣（shà）：棺材上的羽饰。资：用。⑦诸御：指侍御，君王的侍从。⑧不爪翦：手足甲不断裂伤残。翦：断。这里指手指、足趾受伤而形成的指甲的断裂、伤残。⑨穿耳：指受耽刑。古代军中对犯小罪的人处以耽刑，即以箭穿耳。⑩"取妻"二句：娶妻的人不能进内，不能再被使用。止于外：被禁止于外。按，从下文来看，已娶妻的人之所以不能再用，是因被认为其形已不全（这是指其精已泄而言）。⑪"形全"句：形体的齐全还必须充分到这样的程度。足：充足，充分。⑫才：才性，自然所赋予的本性。

哀公曰："何谓才全？"仲尼曰："死生、存亡、穷达、贫富、贤与不肖、毁誉、饥渴、寒暑，是事之变、命之行也。日夜相代乎前，而知不能规乎其始者也①。故

不足以滑和②，不可入于灵府。使之和豫，通而不失于兑③，使日夜无郤④，而与物为春⑤。是接而生时于心者也⑥。是之谓才全。”

【注释】

① 知：同“智”。规：假借为“窥”，观察。② 滑：乱。③ 豫：逸乐。兑：悦。④ 郤：隙。⑤ 与物为春：指心灵随物更生，充满生机。⑥ 时：此。这里承上句“与物为春”而言，指春天。

“何谓德不形？”曰：“平者，水停之盛也。其可以为法也，内保之而外不荡也。德者①，成和之修也。德不形者，物不能离也。”

哀公异日以告闵子曰②：“始也吾以南面而君天下，执民之纪而忧其死，吾自以为至通矣。今吾闻至人之言③，恐吾无其实，轻用吾身而亡其国。吾与孔丘，非君臣也，德友而已矣。”

【注释】

① “德者”四句：意谓德是为了形成平和境界的修养，既要平和，那就必须如水的平静一样，内部安定而外部不动荡。他的德既已无形迹可见，那就说明其确已达到了无所动作的境地（也即上文所说的“无言”、“无功”）。符合了内部安定而外部不动荡的标准，这是德的最高境界，所以为万民亲附。② 闵：姓闵名损，字子骞，孔子弟子。③ 至人：指孔子。

五

闉跂支离无脤说卫灵公①，灵公说之②；而视全人，其脰肩肩③。瓮㼜大瘿说齐桓公④，桓公说之；而视全人，其脰肩肩。故德有所长，而形有所忘。人不忘其所忘，而忘其所不忘，此谓诚忘。

【注释】

① 闉（yīn）跂支离无脤：虚设的人名，意为曲足、伛背、无唇。闉：曲。跂：走路脚跟不着地。脤：通“唇”。② 说：通“悦”。③ 脰：颈。肩肩：直而细小的样子。此处强调其直，下文的“肩肩”则强调其细小。④ 瓮㼜大瘿：虚构的人名，形容颈瘤大如瓦盆。瓮㼜：装东西的陶器。瘿：脖子上的肉瘤。

故圣人有所游①，而知为孽②，约为胶③，德为接④，工为商。圣人不谋，恶用知？不斫⑤，恶用胶？无丧⑥，恶用德？不货⑦，恶用商？四者，天鬻也；天鬻者，天食也。既受食于天，又恶用人！有人之形，无人之情。有人之形，故群于人；无人之情，故是非不得于身。眇乎小哉，所以属于人也⑧！謷乎大哉⑨，独成其天⑩！

【注释】

① 游：遨游，引申为悠然而无拘束。② 知：同“智”。③ 约：这里指礼义，有约束人的作用。胶：胶漆。④ 德：这

里指小恩小惠。接：续。把破碎的东西补完整，使即将或已经死亡的东西得以继续生存，都是"续"。这里是说给自己制造"续"的条件。⑤ 斫（zhuó）：砍，削。引申为分开。⑥ 无丧：即本篇上文所说的"死生亦大矣，而不得与之变，虽天地复坠，亦将不与之遗"，"物视其所一而不见其所丧"之意。能达到这样的境界，就不会有丧失。⑦ 货：卖。⑧ "所以"句：所用来属于人的一面，即指其"有人之形"的一面。以，用。⑨ 謷（ào）：高大的样子。⑩ 独：单独。在"有人之形，无人之情"的情况下，在其身上既存在属于"人"的一面，也存在属于"天"的一面，这里是指只顾其中的一面而不顾另一面。

惠子谓庄子曰："人故无情乎①？"庄子曰："然。"惠子曰："人而无情，何以谓之人？"庄子曰："道与之貌，天与之形，恶得不谓之人？"惠子曰："既谓之人，恶得无情？"庄子曰："是非吾所谓情也。吾所谓无情者，言人之不以好恶内伤其身，常因自然而不益生也。"惠子曰："不益生，何以有其身？"庄子曰："道与之貌，天与之形，无以好恶内伤其身。今子外乎子之神，劳乎子之精，倚树而吟②，据槁梧而瞑。天选子之形③，子以坚白鸣④！"

【注释】

① 故：本。庄子认为，感情并非自然赋予人的，所以说人本无情。② 吟：吟诵。③ 天选：天授。④ 坚白：指公孙龙子提出的"坚白论"，认为一块"坚白石"，其坚性、白色和

石质三者各自分离，不可同时被感知。鸣：著称，闻名。

【翻译】

一

鲁国有一个被判刑砍掉脚的人王骀，向他学习的门徒人数与仲尼的差不多。常季问仲尼说："王骀是断了脚的人，他的学生和先生的门徒各占鲁国学生的一半。他既不站着教，又不坐着发议论，但他的门徒却脑中空空地去，回归时已学得很充实了。真的有不用语言的教导、没有形迹地以精神造就人的吗？这是个怎样的人呢？"仲尼说："这位老师是圣人，我应该去做他的弟子，只是还没有去罢了！我将拜他作老师，何况不如我孔丘的呢！何止鲁国，我将要引导天下的人去跟他学习。"

常季说："他是个断了脚的人，却能胜过先生，这太不符合常情了。假若果真如此，那么，他是怎样与众不同地修养自己心灵的呢？"仲尼说："生死也总算是件大事了吧，却不能使他改变；就是天坍地陷，他也不会跟着天地一起坠落。他确实不依赖任何东西，因而不随着外物而变迁，凌驾于万物变化之上而坚守根本的原则。"

常季问："您这说的是什么意思呢？"仲尼说："从事物相异的方面看，肝和胆就像楚国和越国那样相距遥远；从其相同的方面看，万物都是一样的。假如了解到这一点，就将不知道耳目职能的区别而心灵一直悠游在道德的和谐之中。对万物只看到其同一而看不到它有什么丧失，因而把自己失去一只脚看得就像落下了一块泥土。"

常季说:“他只是修养自己,用他的理智去恢复心灵,再用他的心灵去求得自然的本心。众人为什么会追随他呢?”仲尼说:“人不会在流动的水面上照影子,而是在静止的水面上照影子,只有静止的物体才能使一切静止下来。树木都受命于地,只有松柏能不偏离地所赋予的本性,所以能冬夏常青;人受命于天,只有尧舜能不偏离天所赋予的本性,所以成为万民中最了不起的人。幸而自己的心性纯正,才能使别人的心性纯正。而要求得保持自己的自然本性,必须在实际上做到无所畏惧。勇士单枪匹马,也敢冲入千军万马之中。想要求取名位而能自己去争取的人尚且能够这样,何况那把天地作为自己所住的官舍,把万物作为自己府库中的收藏,把自己的形体看作是暂时寄住在官舍之中,把耳目看作摆设,能将人类智慧所能认识的一切统一起来,而心神永不死灭的人呢?他将选个日子上升到无穷的高空,人们追随着他,而他又怎么肯把别人当作一回事呢?”

二

申徒嘉是受刑断脚的人,而与郑国执政大臣子产都拜伯昏无人为师。子产对申徒嘉说:“我先出去,那么你就等一下再走,你先出去,那么我就等一等。”到明天,两人又在同一屋里同席而坐。子产又对申徒嘉说:“我先出去,那么你就等一下再走,你先出去,那么我就等一等。现在我要先出去,你可以稍微等一下吗?你不愿意等吗?而且你见了执政大臣不回避,你难道要与执政大臣并起并坐吗?”申徒嘉说:“先生的门下,居然有像你这样的执政大臣?你对自己执政的地位洋洋得意而看不起别人。我听说过这样的话：'镜子明亮就不沾染尘垢，沾染上了尘垢就不明亮了。与贤人相处得久了就不会有过失。'现在你为了充实自己而向老师学习，也是有学问的人了，却还说出这样的话来，不太过分了吗？"

子产说："你已经弄成这样了，还要跟尧去争谁比谁好。估量一下你的品德，难道还不足以使你反省吗？"申徒嘉说："为自己的过错辩解，认为不应该受斩足之刑的人很多；不为自己的过错辩解，认为应该受斩足之刑的人却很少。知道事情不可抗拒而能安然处之，把它视若命运，只有道德高深的人才能做到。走进羿的射程之中，正中心之处是应该被射中的地方，但是没有被射中，这就是命运。因为自己双脚齐全而笑我双脚残缺不齐的人很多，我听了勃然大怒，到了先生所在之处，就怒气全消而反省自己的过失。不知是否先生以善来净化我呢？我跟随先生已经十九年了，他好像从来不知道我是断了脚的人。现在你与我以道德学问相切磋，你却在形体上来要求我，不是太过分了吗？"子产怵然改变面色说："请你不要再说下去了。"

三

鲁国有一个断了脚的人叫叔山无趾，频频去求见仲尼。仲尼说："你立身不谨慎，先前既已受刑而变成这样，虽然现在来了，哪里来得及呢！"无趾说："我只因不懂事而轻用了自己的身体，所以才失去了一只脚。现在我来这儿，是因为还有比脚更尊贵的东西存在，我要尽力保全它。天没有什么不覆盖的，地没有什么不承载的，我把先生当作天地，哪里知道先生竟还是这样。”孔子说：“我是太浅陋了！先生为什么不进来呢？让我把自己所知道的跟你谈。”无趾却走了。孔子说：“弟子们努力啊！无趾是个受刑断脚的人，还专力求学来弥补以前行为中的过错，何况在德行上并无劣迹、形体完整的人呢！”

无趾对老聃说：“孔丘大概还没达到至人的地步吧？他经常来向你学习干什么？他还希望以奇异怪幻的名声而为大家所知，不知至人是把这些当作自己桎梏的吗？”老聃说：“为什么不直接使他用死生一致、可和不可相通的道理来解除他的桎梏？这也许可以吧！”无趾说：“这是上天加给他的刑罚，哪里还能解除呢！”

四

鲁哀公问仲尼说：“卫国有个很丑的人，叫哀骀它。男人与他相处的，思慕他舍不得离开。妇女见了他，就向父母说：‘与其作别人的妻子，宁可做这位先生的侍妾。’这样的妇女已有十几个，而且还在增加。从没有听到他提倡过什么，只是经常附和别人罢了。没有君王的权位去拯救别人的危亡，没有积聚的粮食去填饱别人的肚子，又因面目丑陋使天下的人都惊骇。他附和而不提倡，认识能力超不出身边四周的事物，然而男男女女都聚集在他的面前，这一定有不同于普通人的地方。我召他前来看了看，果然相貌奇丑足以使天下人惊骇。他与我相处不到一个月，我就很赏识他的为人；不到一年，我就很信任他。这时国家没有宰相，我要把国家大事委托给他。他好像没有听到，过一会才答应了一声，神情淡漠像拒绝的样子。我羞惭地终于把国事委托给他。没有多久，他就离开我走了。我惶恐不安就像丢失了什么东西，似乎没有人再能与我一起使国家趋向安乐了。这是个什么样的人呢？”

仲尼说：“我曾经出使楚国，恰巧遇见一群小猪在死去的母猪身上吃奶。过一会儿它们慌慌张张地抛弃母猪跑开了。因为它们发现母猪不看自己，不像活着的样子。可见它们爱母亲，不是爱它的形体，而是爱那主宰形体的精神。战死沙场的人，埋葬时不用棺饰，被斩去双脚的人，对于鞋没有什么可爱惜的。这都是因为其根本已经失去了。作为天子的侍从人员，指甲不能伤残，耳朵不能被穿通过；娶妻的人不能再进内宫，不可再在君王身边当差。要成为形体齐全还必须充足、完整到这样的程度，何况要成为德性完全的人呢！现在哀骀它不说话就受到信任，没有功业就赢得人的亲近，能使人把自己的国事委托给他，还恐怕他不接受，这一定是才性完全而其德行无形迹可见的人。”

哀公问：“什么是才性完全？”仲尼说：“死生、存亡、穷达、贫富、贤与不肖、毁誉、饥渴、寒暑，这些都是事物的变化、天命的自然运行，就像昼与夜在人们眼前轮流交替，而人的智力不能窥见它的开端一样。因此不值得为这些现象扰乱平和的心性，不可让它们侵入心灵深处。这就能使内心和顺、安逸、通畅而不失怡悦的心情，使这种心情日日夜夜没有片刻间断，而使万物都像处在春天里一样。这是使人们跟他一接触就从心里产生春天的感觉的人。这样就叫才全。”

哀公问：“什么叫德行无形迹可见？”孔子说：“平是水静止下来的最高状态。它之可以为我们取法的一点，是其内部安定而外部不动荡。德行，就是形成平和的修养。德行无形迹可见的人，万物自然亲附而不愿离去。”

另一天哀公告诉闵子说：“起先我坐在国君的位置上治理天下，对人民执掌法纪而忧虑其死亡，我就自以为很通达了。现在听到了至人的话，却在担心我没有治国忧民的实绩，只是轻率用事以至使国家灭亡。我和孔丘，不是君臣关系，而只是以德相交的朋友罢了。”

五

闉跂支离无脤去游说卫灵公，卫灵公见了很喜欢他；再看到形体健全的人，反而觉得他们头颈太直了。瓮㼜大瘿去游说齐桓公，桓公很喜欢他，再看形体健全的人，反而觉得他们头颈太细小了。所以在德方面有过人之处，形体的有些方面就会被遗忘。人如果不遗忘其应该忘却的形，却遗忘不该忘却的德，这叫做真正的遗忘。

所以圣人要悠然而无拘束，就把智巧视为灾孽，把礼义的约束视为胶漆，把小恩小惠视为使自己受到伤害、面临危亡时得以保全的手段，把工巧视为商贾的需要。圣人不谋求任何东西，哪里用得着智巧？质朴而不雕琢，哪里用得着胶漆？自己不会丧失什么，哪里用得着施行小恩小惠来保全自己？不出卖什么来图利，哪里用得着去做买卖？这四者就是天养。天养是由自然来饲养。既然受自然的饲养，又哪里需要人为？有人的形体，没有人的情感。有人的形体，所以与俗人混迹群居；没有人的情感，所以是非好恶不可能在他身上产生。那属于人的一面真是太渺小了，不顾这一面而做到与自然同体，那就伟大无比。

惠子对庄子说："人本来是没有感情的吗？"庄子说："是的。"惠子说："人没有感情，怎么能称为人？"庄子说："道给人以容貌，天给人以形体，怎么不能称为人？"惠子说："既然能称为人，怎么能无情？"庄子说："你说的情并不是我所说的情。我所说的无情，是指人不以好恶从内部来伤害自己的身体，经常顺应自然而不求养身。"惠子说："不养身，怎能保有其身体？"庄子说："道给人以容貌，天给人以形体，不要以好恶从内部来伤害自己的身体。现在你把心神用在追逐外物上，耗费了你的精力，倚在树下吟诵，靠着枯萎的梧桐树闭目深思。上天授予你形体，你却用'坚白论'来取得自己的声名！"

大 宗 师

“大宗师”指天道。天道是万物之宗、万众之师，所以叫做大宗师。文章指出，道是万物的根源，在时间上是永恒的，在空间上是无限的。道产生了人，人能够体认道，人和道是不可分割的整体。能够认识到这一点的便是“真人”。真人能够摆脱外物的束缚，不受生死影响，顺应自然，文章以许多篇幅论述生死观，认为生死变化就像昼夜交替一样是不可避免的自然现象，人生如梦，生死都是天道的运行变化，人们不应该贪生怕死，而应安时处顺，在自然变化中寻求生命的寄托。他的这种哲学思想，一面固然看到了对立事物的相互转化，一面却又取消了事物的质的规定性。其后一方面是错误的，人生如梦的观念更是将人引入歧途的有害的思想，但在论述对立事物的相互转化时，却存在着若干辩证法的因素。

一

知天之所为，知人之所为者，至矣！ 知天之所为者，天而生也；知人之所为者，以其知之所知[①]，以养其知之所不知，终其天年而不中道夭者，是知之盛也。

虽然，有患：夫知有所待而后当[②]，其所待者特未定也[③]。庸讵知吾所谓天之非人乎？所谓人之非天乎？且有真人而后有真知。

【注释】

① 知之所知：智力所能知道的。前一“知”为名词，后一“知”作动词。下句“知之所不知”同。养：乐，此作“安于”解。② 待：依赖。③ 定：确定，确切不误。

何谓真人？古之真人，不逆寡[①]，不雄成[②]，不谟士[③]。若然者，过而弗悔，当而不自得也。若然者，登高不慄，入水不濡，入火不热，是知之能登假于道者也若此[④]。

古之真人，其寝不梦，其觉无忧，其食不甘[⑤]，其息深深。真人之息以踵[⑥]，众人之息以喉。屈服者，其嗌言若哇[⑦]。其嗜欲深者，其天机浅。

古之真人，不知说生[⑧]，不知恶死。其出不䜣，其入不距[⑨]。翛然而往[⑩]，翛然而来而已矣。不忘其所始，不求其所终。受而喜之[⑪]，忘而复之[⑫]。是之谓不以心捐道[⑬]，不以人助天，是之谓真人。

【注释】

① 逆：违逆，引申作欺凌解。② 雄：夸耀。③ 谟：谋。士：通“事”。④ 登假：升至，达到。⑤ 不甘：不觉得甘美。这也就意味着没有甘美与否的区别。⑥ 踵：脚跟。因为真

人把一切事物都看作同样的，所以对他来说，喉咙也等于脚跟，因而说“真人之息以踵”。⑦ 嗌（yì）：咽喉。哇：阻碍不通。⑧ 说：悦。⑨ 䜣（xīn）：欣喜。距：通“拒”。⑩ 翛（xiāo）然：自然而无拘束的样子。⑪ 受：受生，得到生命。⑫ 忘：失，指失去生命。⑬ 捐：当作“损”。

若然者，其心志[①]，其容寂，其颡頯[②]。凄然似秋，暖然似春，喜怒通四时，与物有宜而莫知其极。故圣人之用兵也，亡国而不失人心[③]。利泽施乎万世[④]，不为爱人。故乐通物[⑤]，非圣人也；有亲，非仁也；天时[⑥]，非贤也；利害不通，非君子也；行名失己，非士也；亡身不真，非役人也。若狐不偕、务光、伯夷、叔齐、箕子胥余、纪他、申徒狄[⑦]，是役人之役，适人之适，而不自适其适者也。

【注释】

① 其心志：谓心存大道，意志专一。② 颡：颜。頯（kuí）：质朴的样子。③ 亡国：亡敌国。④“利泽”二句：言圣人恩泽及于万世，不是出于爱人之心。也就是说，圣人的行为是秉承自然的行动，不是追求仁义。⑤ 通物：使万物通达，也即使万物各得其所。⑥ 天时：当作失时。⑦ 狐不偕：姓狐，字不偕，传说尧让天下给他，他不愿接受而投河自尽。务光：传说商汤王让天下给他，他不愿接受，负石投庐水自杀。伯夷、叔齐：商时孤竹君之子，周武王灭商，为表示不归顺周朝，饿死在首阳山。箕子胥余：箕子，殷纣王叔父，因谏说纣王被关进监狱，后沦为奴仆，假装发疯。

胥余，奴隶。箕子曾为奴仆，故称箕子胥余。纪他：商时逸民，听说商汤让位给务光，务光不接受，恐怕让给自己，遂投水而死。申徒狄：纪他同时人，听说纪他投河，也跟着投河自尽。

古之真人，其状义而不朋①，若不足而不承；与乎其觚而不坚也②，张乎其虚而不华也；邴邴乎其似喜也③，崔崔乎其不得已也④，滀乎进我色也⑤，与乎止我德也⑥，广乎其似世也，謷乎其未可制也，连乎其似好闭也⑦，悗乎忘其言也⑧。

以刑为体，以礼为翼，以知为时，以德为循⑨。以刑为体者，绰乎其杀也⑩；以礼为翼者，所以行于世也；以知为时者，不得已于事也；以德为循者，言其与有足者至于丘也⑪。而人真以为勤行者也，故其好之也一⑫，其弗好之也一。其一也一⑬，其不一也一。其一与天为徒，其不一与人为徒。天与人不相胜也，是之谓真人。

【注释】

① 义：通宜。不朋：不结党偏私。朋：结党。② 与：假作“誉”。觚（gū）：独立不群。③ 邴邴：欣喜的样子。谓真人心无牵挂，好像很高兴的样子。④“崔崔乎”句：言真人无为，举动都出于自然的驱使。崔：运动的样子。不得已：不能停止，即不得不如此。⑤ 滀（chù）：聚。指道德积聚充实。⑥ 与：通“豫”，宽舒。止：处。⑦ 连：滞久。⑧ 悗（mèn）乎：无心的样子。⑨ 循：遵循，引申为准则。⑩“绰乎”句：意谓以刑法为主体者，以杀止杀，杀一惩万，所以虽

杀而宽简。绰:宽简。⑪“言其”句:是说这与有脚的行至山丘一样。意谓必须以德为准则才能把事办成,正如必须有脚才能行至山丘。⑫ 好:喜欢。之:指真人。⑬“其一”句:其赞同的有一部分。上“一”字是“同”的意思。

二

死生,命也[1],其有夜旦之常,天也。人之有所不得与,皆物之情也[2]。彼特以天为父[3],而身犹爱之[4],而况其卓乎!人特以有君为愈乎己,而身犹死之,而况其真乎[5]!

泉涸,鱼相与处于陆,相呴以湿[6],相濡以沫[7],不如相忘于江湖。与其誉尧而非桀也,不如两忘而化其道。

【注释】

① 命:庄子把基于自然而不可避免的人事上的现象称之为命。② 情:性。③ 彼:指上句“物之情也”的“物”。以天为父:意为天之所生。④ 之:指“物之情也”的“情”。因为这种“情”是人力所不能改变的,所以说它们是物之所爱。⑤ 真:真宰,也即道。⑥ 呴(xū):吐气。⑦ 濡(rú):湿润。

夫大块载我以形,劳我以生,佚我以老,息我以死。故善吾生者,乃所以善吾死也。夫藏舟于壑,藏山于泽[1],谓之固矣。然而夜半有力者负之而走,昧者不知也。藏小大有宜,犹有所遯[2]。若夫藏天下于天下,而不得所遯，是恒物之大情也[3]。特犯人之形而犹喜之[4]。若人之形者，万化而未始有极也，其为乐可胜计邪！故圣人将游于物之所不得遯而皆存。善少善老，善始善终，人犹效之，又况万物之所系，而一化之所待乎！

【注释】

①山：通“汕”，渔网。②遯(dùn)：通“遁”，失，引申为变化。③恒物：永恒之物，指自然界。④犯：假借为“范”，冶铸模型，引申为铸造。

夫道，有情有信[1]，无为无形；可传而不可受，可得而不可见[2]；自本自根，未有天地，自古以固存；神鬼神帝[3]，生天生地；在太极之先而不为高[4]，在六极之下而不为深，先天地生而不为久，长于上古而不为老。狶韦氏得之[5]，以挈天地[6]，伏戏氏得之[7]，以袭气母[8]；维斗得之[9]，终古不忒[10]；日月得之，终古不息；堪坏得之[11]，以袭昆仑；冯夷得之[12]，以游大川；肩吾得之[13]，以处大山[14]；黄帝得之[15]，以登云天；颛顼得之[16]，以处玄宫[17]；禺强得之[18]，立乎北极；西王母得之[19]，坐乎少广[20]，莫知其始，莫知其终；彭祖得之，上及有虞[21]，下及五伯[22]；傅说得之[23]，以相武丁奄有天下[24]，乘东维[25]，骑箕尾，而比于列星。

【注释】

①情：实。信：真。②受：通“授”。得：心得。③神：与“生”同义。《说文》：“神，天神引出万物者也。”④“在太”二句：言道弥纶宇内，无所不在。太极：天地形成之前

阴阳未分的元气。六极：指天地之间上下四方，也称六合。⑤ 狶韦氏：传说中远古帝王。⑥ 挈：提举，此作整顿解。⑦ 伏戏氏：即伏羲氏，传说中远古帝王，八卦的创始者。⑧ 袭：入。气母：元气之母，指宇宙的根本。袭气母：深入宇宙的奥秘，指其创成八卦，因八卦是被认为体现宇宙的根本变化的。⑨ 维斗：北斗星。⑩ 忒：差错。⑪ 堪坏(pēi)：昆仑山神。⑫ 冯夷：河神，亦称河伯。⑬ 肩吾：泰山神。⑭ 大山：泰山。⑮ 黄帝：名轩辕。铸鼎于荆山，鼎成，有龙来迎，帝遂乘云驾龙，登天仙去。⑯ 颛(zhuān)顼(xū)：古代五帝之一，又称高阳氏。⑰ 玄宫：北方帝宫。玄，黑色，北方之色。⑱ 禺强：北海神。⑲ 西王母：神话中太阴之精，住在西方。⑳ 少广：极西边的山名。㉑ 有虞：即虞舜。㉒ 五伯(bà)：即五霸，指齐桓公、晋文公、秦穆公、楚庄王、宋襄公，分别为春秋时霸主。㉓ 傅说：殷代贤臣，原是在傅岩从事版筑的奴隶，后被殷高宗(武丁)任用为相。相传他死后升天为星，即傅说星。其星在箕、斗两星间。㉔ 奄有：完全拥有。㉕ 东维：东角，这里指银河的东角。

三

南伯子葵问乎女偊曰①："子之年长矣，而色若孺子，何也？"曰："吾闻道矣。"南伯子葵曰："道可得学邪？"曰："恶！恶可！子非其人也。夫卜梁倚有圣人之才而无圣人之道②，我有圣人之道而无圣人之才，吾欲以教之，庶几其果为圣人乎！不然，以圣人之道告圣人之才，亦易矣。吾犹告而守之③，三日而后能外天下；已外天下矣，吾又守之，七日而后能外物；已外

物矣，吾又守之，九日而后能外生；已外生矣，而后能朝彻④；朝彻，而后能见独；见独，而后能无古今；无古今，而后能入于不死不生。杀生者不死⑤，生生者不生。其为物⑥，无不将也，无不迎也，无不毁也，无不成也。其名为撄宁⑦。撄宁也者，撄而后成者也。”

【注释】

① 女偊（yǔ）：虚构的人名。② 卜梁倚：姓卜梁，名倚，虚构的人名。③ 守：守护。指守护卜梁倚修道。④ 朝彻：指心境豁然明彻。⑤ 杀生者：指道。因万物的生死皆出于道，所以道既是杀生者，又是生生者。⑥“其为”五句：指宇宙万物无时不在变化运动。⑦ 撄：乱。撄宁：在纷乱中的宁静。

南伯子葵曰：“子独恶乎闻之？”曰：“闻诸副墨之子①，副墨之子闻诸洛诵之孙②，洛诵之孙闻之瞻明③，瞻明闻之聂许④，聂许闻之需役⑤，需役闻之於讴⑥，於讴闻之玄冥⑦，玄冥闻之参寥⑧，参寥闻之疑始⑨。”

【注释】

① 副墨：文字。以下八人皆是按意思假设的名字。② 洛诵：反复诵读。洛，同“络”。③ 瞻明：眼睛所见。④ 聂许：耳朵所闻。⑤ 需役：修行实践。⑥ 於讴：咏叹歌吟。⑦ 玄冥：深远幽寂。⑧ 参寥：高邈寥旷。⑨ 疑始：似有似无的开端，指宇宙的开始。

四

子祀、子舆、子犁、子来四人相与语曰①："孰能以无为首②，以生为脊，以死为尻，孰知死生存亡之一体者，吾与之友矣。"四人相视而笑，莫逆于心③，遂相与为友。

俄而子舆有病，子祀往问之。曰："伟哉！夫造物者将以予为此拘拘也！"曲偻发背，上有五管④，颐隐于齐，肩高于顶，句赘指天⑤。阴阳之气有沴⑥，其心闲而无事，跰𨇤而鉴于井⑦，曰："嗟乎！夫造物者又将以予为此拘拘也！"

【注释】

① 子祀、子舆、子犁、子来：作者虚构的人物。②"孰能"三句：谓从无到生，再到死，犹如从头到背脊，再到尾尻，三者同为一体，仅顺序不同。尻（kāo）：脊椎骨的末尾，臀部。③ 莫逆于心：内心相契合。④ 五管：五脏的腧穴，位于脊中。因背驼得厉害，所以五管反而到了上面。⑤ 句（gōu）赘（zhuì）：发髻。《人间世》作"会撮"。⑥ 沴（lì）：同"戾"，陵乱。⑦ 跰（pián）𨇤（xiān）：步履蹒跚。

子祀曰："女恶之乎？"曰："亡①，予何恶！浸假而化予之左臂以为鸡，予因以求时夜②；浸假而化予之右臂以为弹，予因以求鸮炙③；浸假而化予之尻以为轮④，以神为马，予因以乘之，岂更驾哉！且夫得者，时也；失者，顺也。安时而处顺⑤，哀乐不能入也。此古之所谓县解也⑥。而不能自解者，物有结之。且夫物不胜天久矣⑦，吾又何恶焉！”

俄而子来有病，喘喘然将死，其妻子环而泣之。子犁往问之，曰：“叱！避！无怛化⑧！”倚其户与之语曰：“伟哉！造化又将奚以汝为？将奚以汝适？以汝为鼠肝乎？以汝为虫臂乎？”

【注释】

① 亡：同“无”。② 时夜：即司夜，指鸡啼报晓。③ 鸮（xiāo）：斑鸠。④ 轮：车轮，代指车辆。⑤ 安、处：这里都是安处的意思。⑥ 县：“悬”的本字，含有束缚之意。县解：解除束缚。⑦ 久：恒久。⑧ 怛（dá）：惊恐。

子来曰：“父母于子，东西南北，唯命之从。阴阳于人，不翅于父母①；彼近吾死而我不听，我则悍矣，彼何罪焉！夫大块载我以形②，劳我以生，佚我以老，息我以死。故善吾生者，乃所以善吾死也。今大冶铸金③，金踊跃曰：‘我且必为莫邪④！’大冶必以为不祥之金。今一犯人之形⑤，而曰：‘人耳⑥！人耳！’夫造化者必以为不祥之人。今一以天地为大炉，以造化为大冶，恶乎往而不可哉！成然寐⑦，蘧然觉⑧。”

【注释】

① 不翅：不啻，何止。② 大块：自然。③ 金：金属，这里指铁。④ 莫邪：宝剑名。⑤ 犯：通“范”，铸造。⑥ 人耳：只能做人；意即不能再由人变成别的。耳，相当于“而已”。⑦ 成然：县解之貌，欣然。寐：这里指人的死去。⑧ 蘧然：

自由自在的样子。觉：这里指人死后变为其他的东西（如鼠肝、虫臂）而重新出现。

五

子桑户、孟子反、子琴张三人相与语曰①："孰能相与于无相与，相为于无相为？孰能登天游雾②，挠挑无极③；相忘以生，无所终穷？"三人相视而笑，莫逆于心，遂相与为友莫然④。

有间而子桑户死，未葬。孔子闻之，使子贡往侍事焉。或编曲，或鼓琴，相和而歌曰："嗟来桑户乎⑤！嗟来桑户乎！而已反其真⑥，而我犹为人猗⑦！"子贡趋而进曰："敢问临尸而歌，礼乎！"二人相视而笑曰："是恶知礼意！"

【注释】

① 子桑户、孟子反、子琴张：虚构的人名。② 登天游雾：形容精神超然物外。③ 挠挑：跳跃。④ "遂相"句：意谓三人漠然地相互为友，也即"相与于无相与"之意。形容子桑户等三人相交，内心相契，外表看起来很冷漠。莫然：漠然。一说"莫然"当属于下句。⑤ 来：语助词。⑥ 而：你。反其真：返回自然，指死亡。⑦ 猗：语助词。

子贡反，以告孔子，曰："彼何人者邪？修行无有，而外其形骸，临尸而歌，颜色不变，无以命之①，彼何人者邪？"孔子曰："彼游方之外者也②，而丘游方之内者也。外内不相及，而丘使女往吊之，丘则陋矣。彼方且与造物者为人③，而游乎天地之一气。彼以生为附赘县疣④，以死为决疣溃痈⑤，夫若然者，又恶知死生先后之所在！假于异物，托于同体⑥；忘其肝胆，遗其耳目；反复终始，不知端倪⑦；芒然彷徨乎尘垢之外⑧，逍遥乎无为之业。彼又恶能愦愦然为世俗之礼⑨，以观众人之耳目哉⑩！”

【注释】

① 命：名。② 方：礼义。③ 人：偶、对偶。④ 县疣：长在身上的肉瘤。县："悬"的本字。⑤ 疣（huàn）痈（yōng）：毒疮。⑥ 假：凭借。托：寄托。⑦ 端倪：头绪，边际。⑧ 芒然：同"茫然"。尘垢：指尘世，现实世界。⑨ 愦愦：烦乱。⑩ 观：此处是被动用法，作"观于人"解。

子贡曰："然则夫子何方之依①？"

孔子曰："丘，天之戮民也②。虽然，吾与汝共之。"子贡曰："敢问其方。"孔子曰："鱼相造乎水③，人相造乎道。相造乎水者，穿池而养给；相造乎道者，无事而生足④。故曰，鱼相忘乎江湖⑤，人相忘乎道术。"子贡曰："敢问畸人⑥。"曰："畸人者，畸于人而侔于天⑦。故曰，天之小人，人之君子；天之君子，人之小人也。"

【注释】

① "然则"句：那么先生依据什么方式呢？因为上文孔丘已说明自己是"游方之内"的，所以这里问题的实际意思是：那么你用什么方式来"游方之内"呢？② 戮：刑戮。

《德充符》篇中已借叔山无趾之口说孔子是"天刑之，安可解"，"天之戮民"也即此意。参见该篇。③"鱼相"二句：意谓鱼的乐事是到水里去，人的乐事是趋向大道。造：去，往。④足：原作"定"，据俞樾《庄子平议》之说改。⑤"鱼相"句：意谓鱼在江湖里逍遥自在，因而彼此相忘。参见本篇上文"泉涸，鱼相与处于陆"一段。⑥畸：异。畸人：奇异的人。⑦侔（móu）：齐。

六

颜回问仲尼曰："孟孙才其母死①，哭泣无涕，中心不戚，居丧不哀。无是三者，以善处丧盖鲁国②。固有无其实而得其名者乎？回一怪之。"

仲尼曰："夫孟孙氏尽之矣，进于知矣，唯简之而不得，夫已有所简矣。孟孙氏不知所以生，不知所以死；不知就先，不知就后；若化为物③，以待其所不知之化已乎！且方将化，恶知不化哉？方将不化，恶知已化哉？吾特与汝，其梦未始觉者邪！且彼有骇形而无损心④，有旦宅而无情死⑤。孟孙氏特觉，人哭亦哭，是自其所以乃⑥。且也相与吾之耳矣⑦，庸讵知吾所谓吾之非吾乎？且汝梦为鸟而厉乎天⑧，梦为鱼而没于渊。不识今之言者，其觉者乎，且梦者乎？造适不及笑⑨，献笑不及排⑩，安排而去化⑪，乃入于寥天一。"

【注释】

①孟孙才：姓孟孙，名才，鲁国人。②盖：覆盖，有高出其上的意思。③若化为物：顺从天意变化的人。若，顺

从。化，变化。物，此处指人。④ 骇：改。⑤ 旦宅：指形骸之变。旦，借作“嬗”，变化。宅，神之舍，指躯体。无情死：郭象注：“其情不以为死。”情，犹言内心。⑥ 乃：通“然”，如此。⑦“且也”二句：意谓非但生死不能知，就是自我也难以确定。⑧ 厉：奋飞。⑨ 造：至。适：适意。不及：犹言不相干。⑩ 献笑：为取悦别人而笑，此“献”字与“献媚”的“献”同义。排：推移，指自然的变化。⑪“安排”句：听任自然而顺应变化。去：作“移”解。去化：迁移变化。

七

意而子见许由①。许由曰：“尧何以资汝②？”意而子曰：“尧谓我：汝必躬服仁义而明言是非③。”许由曰：“而奚来为轵④？夫尧既已黥汝以仁义⑤，而劓汝以是非矣⑥，汝将何以游夫遥荡恣睢转徙之涂乎⑦？”

意而子曰：“虽然，吾愿游于其藩⑧。”许由曰：“不然。夫盲者无以与乎眉目颜色之好，瞽者无以与乎青黄黼黻之观⑨。”意而子曰：“夫无庄之失其美⑩，据梁之失其力⑪，黄帝之亡其知，皆在炉捶之间耳⑫。庸讵知夫造物者之不息我黥而补我劓，使我乘成以随先生邪⑬？”许由曰：“噫！未可知也。我为汝言其大略：吾师乎！吾师乎！齑万物而不为义⑭，泽及万世而不为仁，长于上古而不为老，覆载天地，刻雕众形而不为巧。此所游已⑮！”

【注释】

① 意而子：作者虚构的人物。② 资：资助，此处指教益。③ 躬服：亲自实行。④“而奚”句：而，汝。轵，同“只”，

语助词。⑤ 黥(qíng):古时墨刑,用刀在犯人脸上刻记号,然后涂上墨。⑥ 劓(yì):古时割鼻子的刑罚。⑦ 游:行。遥荡:逍遥放荡。恣睢:放纵。转徙:变化。涂:通"途"。⑧ 藩:藩篱,领域,境界。⑨ 黼黻(fǔ fú):古代礼服上绣的花纹。⑩ 无庄:虚构的美人名。无庄,没有装饰的意思。失:忘。失其美:指领悟了道。因领悟了道,就懂得世上本无所谓美也无所谓不美。下文的"失其力"、"亡其知"也是同样的意思。⑪ 据梁:虚构的大力士名,寓有强梁有力的意思。⑫"皆在"句:谓都由自然陶冶锻炼而成。捶:同"锤"。炉捶,冶炼的工具。⑬ 乘成:乘,载。成,全。⑭ 齑(jī):调和。⑮"此所"句:这就是我老师所说的游。言外之意,所谓"游夫遥荡恣睢转徙之涂"就应做到这样,而意而子能否做到就很难说。

八

颜回曰:"回益矣。"仲尼曰:"何谓也?"曰:"回忘仁义矣。"曰:"可矣,犹未也。"他日复见,曰:"回益矣。"曰:"何谓也?"曰:"回忘礼乐矣!"曰:"可矣,犹未也。"他日复见,曰:"回益矣!"曰:"何谓也?"曰:"回坐忘矣①。"仲尼蹴然曰:"何谓坐忘?"颜回曰:"堕肢体②,黜聪明③,离形去知,同于大通④,此谓坐忘。"仲尼曰:"同则无好也,化则无常也⑤。而果其贤乎!丘也请从而后也。"

【注释】

① 坐忘:静坐而忘心。② 堕(huī):通"隳",废。③ 黜

(chǔ)：废除。④ 大通：指大道。⑤ 常：执着不知变通。

九

子舆与子桑友。而霖雨十日①，子舆曰："子桑殆病矣！"裹饭而往食之。至子桑之门，则若歌若哭，鼓琴曰："父邪！母邪！天乎！人乎！"有不任其声而趋举其诗焉②。子舆入，曰："子之歌诗，何故若是？"曰："吾思夫使我至此极者而弗得也。父母岂欲吾贫哉？天无私覆，地无私载，天地岂私贫我哉？求其为之者而不得也！然而至此极者，命也夫！"

【注释】

① 霖雨：连绵大雨。三日以上的雨为霖。② 声：指琴声。趋：急促。

【翻译】

一

知道哪些是天起作用的，哪些是人起作用的，就达到了认识的最高境界了！知道哪些是天起作用的，就顺应天然而使之生长；知道哪些是人能起作用的，就去追求自己的智力所能够达到的知识，而安于智力所不能够达到的境地，使自己享尽天赋的寿命而不致中途夭折，这是人们的认识所能起的最大作用。

即使如此，具体做起来还是有问题的。认识必须有所依赖才能恰当,而且依赖的东西也未必都是确定不易、完全正确的。因此,怎么知道我所说的自然不是属于人为的作用,我所说的人为不是自然的作用呢?只有真人才能有真知。

什么叫做真人?古时候的真人,不欺凌力量微小的,不崇奉成功的,不谋虑世事。像这样的人,错过时机不后悔,事情顺利也不得意。像这样的人,登高不恐惧,入水不湿身,投火不觉热,只有知识能达到与道相合的境界的人才能这样。

古时候的真人,睡觉时不做梦,醒来后无忧愁,饮食不觉得甘美,呼吸深沉平缓。真人的呼吸用脚跟,而一般人的呼吸用咽喉。而屈服于人的人,则言语吞吞吐吐像堵在喉咙口。情欲嗜好深的人,他的天赋灵机就很浅了。

古时候的真人,不知道生的喜悦,不知道憎恶死亡。他来到人世并不欣喜,进入死亡也不抗拒。他只是无所拘束地去、无所拘束地来罢了。不忘掉他来自何处,不探求它死后的归宿。他对于生命欣喜接受,死后复归于自然。这称为不用心智去损害道,不用人力去帮助天。这样就叫作真人。

像这样的人,心存天道,容色安闲,颜貌质朴。冷肃得像秋天一样,温暖得像春天一样,喜怒的变化就像四季的运行一样自然,能同万物无穷的变化相协调适应,却没有人能窥测到他的底蕴。所以圣人用兵,即使灭亡了敌国,也不会失去敌国的人心。恩泽施及万世,但并不是为了爱人。所以,以使万物通达为乐,就不是圣人;有所私亲偏爱,就不是仁人;失去时机,就不是贤人;不能把利和害看作相通的，就不是君子；矫行求名而丧失本性，就不是有道之士；舍身忘死而不符合自然，就不是自由主宰自己形体的人。像狐不偕、务光、伯夷、叔齐、箕子胥余、纪他、申徒狄，这些人都是被人役使，使别人安适而不自求安适的人。

古时候的真人，他们的形态是：随物所宜而不偏不倚，好像德行不足但已无所承受；超逸不群的品行受到称颂，但并不固执，虚淡的胸怀非常开阔而毫不浮华。欣然好像很高兴，一举一动都是在自然的驱使下不得不然，内心道德充实并进而显现于神色，行为宽舒而以道德自处，精神开阔像宇宙一样宽广，高迈傲放不可约束，长久滞留于一处好像喜欢把自己封闭起来，在无意中达到了忘言的境界。

用刑法作为主体，用礼仪作为羽翼，用智谋适应时势，用道德作为行事准则。用刑法作为主体，实是用法宽简而减少杀戮；用礼仪作为羽翼，是为了在世上可以广泛实行；用智谋适应时势，对于办成事情是必不可少的；用道德作为行事准则，是说这就和有脚的人才能登上山丘一样。而有些人真是以上述的观念来实行的，所以他们中喜欢真人的有一部分，不喜欢的有一部分；赞同的有一部分，不赞同的有一部分。赞同的人是以天为师，不赞同的人是以人为师。既不以天去胜人，也不以人去胜天的，这就叫真人。

二

生死是命，就像永远有黑夜和白天一样，出之于自然。凡是人力无法干预并改变的，那都是生物的本性。生物只不过是天所生的，就终身爱护这些天赋的本性，更何况比一般生物更卓越的道呢！人们只是认为国君的地位超过自己，就为他舍身效死，更何况对那至高无上的真宰呢！

泉水干枯了，鱼儿一同处于陆地上，互相嘘吸对方身上的水分，用口沫互相湿润，倒不如在江湖里彼此忘却的好。与其称赞尧而谴责桀，不如把两者是非都忘却，融化到同一的大道中去。

自然赋予我形体，用生使我劳碌，用老使我安逸，用死使我休息。所以，自然使我的一生好好度过，也就是为了使我好好死去。把船藏在山沟里，把渔网藏在深泽中，可以说是很牢固了，但是到了半夜里有力气的人还是把它背走了，昏昧的人毫无觉察。大小事物都有合适的隐藏之处，但还是免不了丢失。如果把天下藏于天下，就再也不会丢失了，这是自然的伟大本性。人们只获得形体就欣喜不已，像人的形体这样的东西，千变万化而没有穷尽，那么这种欢乐计算得清吗？所以圣人遨游于万物不会消失而都存在的境地。那些善于对待老少生死的人，人们尚且效法他，又何况那维系万物、一切变化所依赖的道呢！

道是有真实内容、可供验证的，又是无所作为、无迹可寻的；可以心传而不可口授，可以悟得而不可目见；它自身就是基础，就是根源，未有天地之前，自远古以来它就存在着；它引出了鬼，引出了天帝，产生了天和地；在太极的上面不算高，在天地四方的下面不算深，产生于天地之前却不算久远，比上古的年岁更长却不算老。狶韦氏领悟了道，用以整顿天地；伏戏氏领悟了道，用以制成八卦；北斗星领悟了道，其运转永远不会错失；日月领悟了道，一直运行不息；堪坏领悟了道，用以管理昆仑山；冯夷领悟了道，用以游历大川；肩吾领悟了道，用以安居泰山；黄帝领悟了道，用以登上云天；颛顼领悟了道，用以安居玄宫；禺强领悟了道，就在北极立脚；西王母领悟了道，就坐镇少广，不知其何时开始坐镇，也不知其何时才会终结；彭祖领悟了道，他的生活年代上与有虞氏相接，往下一直活到五霸时期；傅说领悟了道，用以辅佐武丁统治整个天下，死后凌驾于银河的东隅，骑跨着箕星的尾巴，与众星神并列。

三

南伯子葵问女偊："你的年龄很大了，而面色却像孩童一样，这是什么缘故呢？"女偊说："我懂得道了。"南伯子葵说："我能学道吗？"女偊说："啊，那怎么行？你不是学道的人。卜梁倚有圣人的才质而没有具备圣人的道。我懂得了圣人的道而没有圣人的才质。我想教他学道，希望他真能成为圣人！就是他不能成为圣人，但把圣人之道告诉具有圣人才质的人，那总是容易的事。然而，我还是得在教导他的同时为他守护，三日后他才能把天下置之度外；已经把天下置之度外了，我还是为他守护，七日后他才能把万物置之度外；已经把万物置之度外了，我仍旧为他守护，九日后他才能把生死置之度外；已经把生死置之度外了，然后能豁然贯通；豁然贯通了，然后能领悟到独立而无所依恃的道；领悟到独立而无所依恃的道了，然后才能在时间上没有古今的区别；在时间上没有古今的区别了，然后才能进入没有生死的境界。大道的流行能使万物死灭，它自己却不会消失；大道的流行也能使万物生长，它自己却并不生长。道对于万物，没有不把它们打发走的，也没有不把它们迎接来的，没有不将它们毁灭的，也没有不使它们生成的。这就叫‘撄宁’，‘撄宁’是在万物生死成毁的纷乱之中形成的宁静。”

南伯子葵问：“你却从哪里学到了道呢？”女偊说：“我是从副墨的儿子那儿学来的，副墨的儿子是从洛诵的孙子那儿学来的，洛诵的孙子是从瞻明那儿学来的，瞻明是从聂许那儿学来的，聂许是从需役那儿学来的，需役是从於讴那儿学来的，於讴是从玄冥那儿学来的，玄冥是从参寥那儿学来的，参寥是从疑始那儿学来的。”

四

子祀、子舆、子犁、子来四人互相说：“谁能把‘无’当作头颅，把‘生’当作脊梁，把‘死’当作尾尻；谁能知道生死存亡本是一体，我就和他交朋友。”四个人互相看着笑了，彼此心心相印，就共同做了朋友。

不久，子舆有病，子祀前去问病。子舆说：“伟大啊！那个造物者将把我变成这样一个身体不能自由舒展的人了。”子舆变得佝偻而背高耸，五管长在上部，下巴被肚脐所遮蔽，肩膀高过头顶，颈后发髻朝天，这是由于阴阳之气错乱不调。但是他心情闲适，若无其事，步履蹒跚地走到井边去照看自己的影子，说：“哎呀！那造物者又将把我变成这样一个拘挛屈曲的人了！”

子祀说：“你厌恶这种样子吗？”子舆说：“不，我为什么要厌恶呢！假如造物者进而把我的左臂变成鸡，我就用它来报晓；假如进而把我的右臂变为弹弓，我就用它打斑鸠做烤肉吃；假如进而把我的尻骨变为车辆，把我的精神变为马,我就乘着它,哪里还需要另找车马!再说,生命的获得,是时机的遇合;生命的丧失,是正常的变化。人能安处于这种时机的遇合和正常的变化,哀乐之情就不会侵入内心。这就是古时候所说的'县解'。而那些不能自求解脱的人,则是因为他们被身外之物所束缚。而且万物都不能超越自然,这是一向如此的,我又为什么要厌恶这个样子呢!"

不久,子来生病了,喘息急剧将要死了,他的妻子和儿女围着哭泣。子犁前往问候,对他们说:"叱!走开!不要惊动这正在变化的人!"他靠着门对子来说:"伟大啊!造化又要把你变成什么呢?又要把你送往什么地方呢?要把你变成老鼠的肝吗?要把你变成昆虫的臂膀吗?"

子来说:"儿子对于父母,不管到东南西北,都要听从吩咐。阴阳造化对于人来说,其关系超过了父母。它要我走向死亡而我不听从,我就是凶顽不驯,它有什么过错呢?大自然赋予我形体,用生使我劳碌,用老使我安逸,用死使我休息。所以,自然使我好好度过一生,也就是为了使我好好死去。现在有个大铁匠正在铸造铁器,那炉中的铁水跳起来叫:'我一定要成为莫邪宝剑!'大铁匠一定会认为这是不吉祥的铁。现在有人一得到了人的形体,就喊叫说:'我只能做人!我只能做人!'造物者一定会认为这是个不吉祥的人。现在就把天地当作一个大熔炉,把造物主当作大铁匠,到哪儿去不行呢!欣然睡去,又自在地醒来。"

五

子桑户、孟子反、子琴张三人相互说:"谁能以不结交来结交，以不相助来相助？谁能登上高空遨游于云雾之中，往来回旋在无穷的境界里，互相忘却生命而永远没有终极呢？”三人互相看着笑了，内心彼此一致，就淡漠地相互结为朋友。

不久，子桑户死了，还没有下葬。孔子听到这个消息，派子贡前去助理丧事。子贡看见孟子反、子琴张两人一个在编曲，一个在弹琴，互相唱和道：“唉，桑户啊！唉，桑户啊！你已经返归自然，而我们还在做人啊！”子贡快步进去问：“请问对着尸体唱歌，符合礼吗？”二人相互望望，笑着说：“这个人哪里知道礼的真意！”

子贡回来后，把这件事告诉了孔子，说：“他们是什么样的人呢？没有道德修养，将形骸置之度外，对着尸体唱歌，神色跟平常一样，真是无法形容。他们是些什么人啊？”孔子说：“他们是游心于礼义之外的人物，而我是在礼义之内生活的人。礼义的内与外是格格不入的，然而我却派你前去吊唁，我真是浅陋啊！他们正将与造物主为伴侣，而遨游于天地间的元气之中。他们把生命看作附在身上的累赘、肉瘤，把死亡当作从毒疮排出的脓液。像这样的人，又怎么能知道死生先后的区别所在！在他们看来，生命只不过是凭借不同的物质，聚合而成的一个形体；应该忘记自己的肝胆，忘记自己的耳目；让生命随着自然循环变化，不要追究它的开端和终结；无所用心地徘徊在尘世之外，逍遥自在地神游在无为的境地。他们又怎么能杂乱地举行世俗的礼节，以表现于众人耳目之前呢！”

子贡说：“那么你用怎样的方式来遵从礼义呢？”

孔子说：“我是受到上天刑戮的人。虽然如此，我还是要和你共同成为这样的人。”子贡问：“请问用什么方式？”孔子说：“鱼相偕到水中去，人相偕皈依于道。其所以相偕到水里去，是因为进入池里就养料富足；其所以皈依于道，是因为可以无所事事而充分、完满地保持人的本性。所以说，鱼在江湖中彼此忘却，人在道术中彼此忘却。”子贡说：“请问畸人是怎么样的？”孔子说：“畸人是不同于世人，而与天一致的。所以说，从天的角度所认为的小人，是从人的角度所认为的君子；从天的角度所认为的君子，是从人的角度所认为的小人。”

六

颜回问仲尼说：“孟孙才这个人，他的母亲死了，他哭泣没有眼泪，内心不哀戚，守丧不悲痛。没有眼泪、哀戚和悲痛，却以善于居丧而名盖鲁国。真的有毫无实际而得到声名的吗？我实在感到奇怪。”

仲尼说：“孟孙氏已尽了守丧之道，达到了懂得守丧的程度。他虽然要简化丧事而未曾办到，但已经有所简化了。孟孙氏不知什么是生，不知什么是死，不知去追求生，也不知去躲避死。只是顺应自然变化而成为今天的物——人，以等待那未知的变化罢了。况且他刚变化为人，又怎知他以前尚未变化时是怎样的呢？他正处在尚未变化为他物的过程中，又怎能知道死后已经变化了的情况？我和你也只是处在这种正在做梦还没有醒来的境地里吧！而且在孟孙氏看来，所谓死亡只是形体的变化，因而并不伤心，这种形体的变化他并不认为是死亡。孟孙氏与众不同，他很清醒，人家哭他也哭，只不过是随着人们那样做罢了。世人相互自称为我，他又怎么知道我所说的我其实并不是我呢？再说，你梦中变为鸟在天空飞翔，或梦中变为鱼在深水中潜藏。不知道正在谈话的你我，是醒着的人呢，还是在做梦的人呢？达到适意的境界时想不到要笑，有心笑给人家看就是不自然的，所以安于自然而顺应生死的变化，就可以进入与寥廓天涯的天道同一的境界。”

七

意而子去见许由，许由问：“尧用什么教诲来帮助你？”意而子说：“尧对我说：你一定要履行仁义而明辨是非。”许由说：“那么你还到我这儿来干什么？尧既然已用仁义给你施了黥刑，用是非之辨给你施了劓刑，你怎么还能游于逍遥放荡、任意变化的境界呢？”

意而子说：“虽然如你说的这样，我还是希望纵游于这境界的边缘。”许由说：“并不如此。盲人无从产生眉目容貌的爱好，瞎子无从参与彩色锦绣的观赏。”意而子说：“无庄能够忘记她的美貌，据梁能够忘记他的力气，黄帝能够忘记他的智慧，他们都是经过陶冶锻炼而形成的。怎么知道造物主不会除去我受黥后的伤痕，补给我被劓刑割去的鼻子，使我用完整的形体以追随先生呢？”许由说：“哎，这很难说啊。我为你说个大概：我的老师啊，我的老师啊！调和万物却不是为了行义，恩泽及于万世却不是为了施仁，长在远古却不算老，覆天载地，雕刻出万物的形体却不显露巧。这就是我老师所从事的游啊！”

八

颜回说：“我有进步了。”仲尼说：“你说的是哪方面的进步呢?”颜回说:“我忘掉仁义了。”孔子说:“好的,但还不够。”过几天颜回又见到孔子,说:“我有进步了。”孔子说:“你说的是哪方面的进步呢?”颜回说:“我忘掉礼乐了!”孔子说:“好的,但还不够。”过几天颜回再见孔子,说:“我有进步了。”孔子说:“你说的是哪方面的进步呢?”颜回说:“我达到了坐忘。”孔子惊奇地问:“什么叫坐忘?”颜回说:“否定肢体的存在,抛开耳目视听的功能,离弃形体,忘掉智识,与大道融合为一,这就叫坐忘。”孔子说:“和大道融合同体就没有偏爱,参与万物的变化就不执滞。你果真是贤人啊!我请求追随在你之后。”

九

子舆与子桑做朋友。一连下了十天的雨,子舆说:“子桑恐怕要饿病了。”包了些饭去给子桑吃。来到子桑门前,听到子桑又像唱歌又像哭泣,一边还弹着琴说:“父亲啊!母亲啊!天啊!人啊!”有好些地方不能与琴声相配合而只不过急促地念着诗句。子舆进门说:“你唱诗,怎么会成为这么样?”子桑说:“我正思考着使我陷入这绝境的是谁,但是找不到。父母难道要我贫困吗?天的覆盖是没有偏私的,地的承载是没有偏私的,天地难道不公平地偏要使我贫困吗?我探讨谁使我贫困却找不到!然而我之到达这种地步,是命运的安排吧!”

应帝王

"应帝王",回答关于帝王治理天下的问题,主旨在提倡无为之治,认为统治者应该顺应人民的自然本性,以百姓的意志为意志,这就叫"顺物自然而无容私"。文中批评独裁的统治者"以己出经式义度",根据自己的个人意志去制定礼义法律以统治人民,用强制的手段迫使人民接受教化。作者把这些称为"欺德"——自欺欺人的玩意儿。他所提出的理想的统治者——"明王",则是功劳覆盖天下而不表露,养育万民而民不自觉。这种对独裁的统治者的批判不但在庄子时代,而且在其后的封建社会里也有积极意义;他所追求的理想政治,也是后来封建社会的进步思想家所希冀的目标。但他在提倡无为之治时,过多地否定了人的主观努力,最后甚至以浑沌开窍而死的神话来否定人对外部世界的认识,则是明显的局限。

一

啮缺问于王倪①,四问而四不知。啮缺因跃而大喜，行以告蒲衣子[②]。蒲衣子曰："而乃今知之乎？有虞氏不及泰氏[③]。有虞氏，其犹藏仁以要人[④]；亦得人矣，而未始出于非人[⑤]。泰氏，其卧徐徐，其觉于于[⑥]；一以己为马，一以己为牛；其知情信[⑦]，其德甚真，而未始入于非人。"

【注释】

① 啮(niè)缺、王倪：古代人名，见《齐物论》。四问四不知一事，也见《齐物论》。② 蒲衣子：传说中尧时人。③"有虞"句：有虞氏，舜。泰氏，伏羲氏。④ 要：同"邀"，笼络，要结。⑤ 非人：指人以外的物。⑥ 于于：于通"迂"，愚昧无知的样子，这里指无忧无虑。⑦ 情：实。

二

肩吾见狂接舆，狂接舆曰："日中始何以语女[①]？"肩吾曰："告我君人者以己出经式义度，人孰敢不听而化诸！"狂接舆曰："是欺德也。其于治天下也，犹涉海凿河，而使蚊负山也。夫圣人之治也，治外乎？正而后行[②]，确乎能其事者而已矣[③]。且鸟高飞以避矰弋之害[④]，鼷鼠深穴乎神丘之下，以避熏凿之患，而曾二虫之无如[⑤]！"

【注释】

① 日中始：虚构的人名。② 正：守正，意为坚守清静无为的道。③"确乎"句：确实做到各人尽其所能罢了。能

其事，做到所能做的事。④ 矰（zēng）弋（yì）：矰，用丝绳系住用来射鸟的短箭。弋，用绳系在箭上发射。⑤ 而：汝。曾：竟然。

三

天根游于殷阳①，至蓼水之上②，适遭无名人而问焉③，曰："请问为天下。"无名人曰："去！汝鄙人也，何问之不豫也！予方将与造物者为人④，厌则又乘夫莽眇之鸟⑤，以出六极之外，而游无何有之乡，以处圹埌之野⑥。汝又何寱以治天下感予之心为⑦？"又复问。无名人曰："汝游心于淡，合气于漠⑧，顺物自然而无容私焉，而天下治矣。"

【注释】

① 天根：假设的人名。② 蓼水：水名，在当时赵国境内。③ 无名人：虚构的人名，寓圣人无名之意。④ 人：偶。⑤ 莽眇之鸟：指清虚的气。⑥ 圹（kuàng）埌（làng）：空荡辽阔。⑦ 寱（yì）："呓"的本字。今本《庄子》此字作"帠"，此字为字书所无，故据陆德明《庄子音义》所引一本改。⑧ 漠：清静寂寞。

四

阳子居见老聃①，曰："有人于此，向疾强梁，物彻疏明②，学道不倦。如是者，可比明王乎？"老聃曰："是于圣人也，胥易技系③，劳形怵心者也④。且也虎豹之文来田⑤，猨狙之便来藉⑥。如是者，可比明王乎？”阳子居蹴然曰：“敢问明王之治。”老聃曰：“明王之治，功盖天下而似不自己；化贷万物而民弗恃；有莫举名⑦，使物自喜。立乎不测，而游于无有者也。”

【注释】

①阳子居：人名，姓阳，字子居。历来认为就是春秋时思想家杨朱。②物彻：对事物的道理理解得十分透彻。疏明：明亮。③胥：小吏。易：占卜的官员。④怵（chù）：惊动。⑤来：招来，招致。田：通“畋”，畋猎。⑥便：敏捷。藉：系缚。⑦有：指有功德。举：称举。名：形容。

五

郑有神巫曰季咸，知人之死生存亡、祸福寿夭，期以岁月旬日若神。郑人见之①，皆弃而走。列子见之而心醉，归，以告壶子②，曰：“始吾以夫子之道为至矣，则又有至焉者矣。”壶子曰：“吾与汝既其文③，未既其实，而固得道与？众雌而无雄④，而又奚卵焉！而以道与世亢⑤，必信⑥，夫故使人得而相汝。尝试与来，以予示之。”

【注释】

①“郑人”二句：谓郑人害怕被季咸测知凶祸，所以都远远地避开他。②壶子：郑国人，名林，号壶子。列子的老师。③既：尽。其文：指道的文，也即道的形式方面。

④“众雌”句：有雌无雄，不能产卵，比喻有文无实，不能得道。⑤ 亢：同“抗”，抗衡。⑥ 信：通“伸”，伸展，这里是不屈、获胜的意思。

明日，列子与之见壶子。出而谓列子曰：“嘻！子之先生死矣！弗活矣！不以旬数矣！吾见怪焉①，见湿灰焉②。”列子入，泣涕沾襟以告壶子。壶子曰：“乡吾示之以地文③，萌乎不震不正④。是殆见吾杜德机也⑤。尝又与来。”

【注释】

① 怪：怪异，指死亡的征兆。② 湿灰：湿灰不能复燃，比喻列子毫无生气，难以救活。③ 乡：往昔。地文：大地阴静的气象，比喻心境寂静。④ 萌：昏昧的样子。正：当作“止”。⑤ 杜：闭塞。德机：生机。

明日，又与之见壶子。出而谓列子曰：“幸矣，子之先生遇我也！有瘳矣，全然有生矣！吾见其杜权矣①。”列子入，以告壶子。壶子曰：“乡吾示之以天壤②，名实不入，而机发于踵。是殆见吾善者机也③。尝又与来。”

【注释】

① 权：变动。② 天壤：谓天地和合万物生长，生气盎然。此处指神与气合，人有生气。壤，地。③ 善：指病愈。善者机：病愈之机。

明日，又与之见壶子。出而谓列子曰：“子之先生不齐，吾无得而相焉。试齐，且复相之。”列子入，以告壶子。壶子曰：“乡吾示之以太冲莫胜①。是殆见吾衡气机也②。鲵桓之审为渊③，止水之审为渊④，流水之审为渊⑤。渊有九名⑥，此处三焉。尝又与来。”

【注释】

① 太冲：太虚。莫胜：没有征兆。② 衡气机：气机平衡，非静非动。③ 鲵：大鱼。桓：盘桓，旋转。审：假借为沉，深的意思。鲵桓之水，非静非动，喻“衡气机”。④ 止水：静水。水静止，喻“杜德机”。⑤ 流水：流动的水。流水动，喻“善者机”。⑥ 渊有九名：见《列子·黄帝篇》，为鲵旋之水、止水、流水、滥水、沃水、氿水、雍水、汧水、肥水。

明日，又与之见壶子。立未定，自失而走。壶子曰：“追之！”列子追之不及。反，以报壶子曰：“已灭矣，已失矣，吾弗及已。”壶子曰：“乡吾示之以未始出吾宗①。吾与之虚而委蛇②，不知其谁何，因以为弟靡③，因以为流波，故逃也。”

然后列子自以为未始学而归。三年不出，为其妻爨，食豕如食人，于事无与亲。雕琢复朴④，块然独以其形立⑤。纷而封哉⑥，一以是终。

【注释】

① 吾宗：我之所宗，即大道，人天浑然一体的境界。

② 委(wēi)蛇(yí):婉曲随顺。③“因以”二句:以茅草随风倒、水随波流形容无所执着的状态。弟靡:茅草。弟:通“稊”。④ 雕:通“凋”。⑤ 块然:如泥土的样子。独以其形立:只有形体而无精神。均形容无知无觉的样子。⑥ 封:守。哉:始,指万物的原始状态,也即质朴无华的状态。

六

无为名尸①,无为谋府②,无为事任③,无为知主④。体尽无穷而游无朕⑤,尽其所受乎天,而无见得,亦虚而已⑥!至人之用心若镜⑦,不将不迎,应而不藏,故能胜物而不伤。

南海之帝为儵⑧,北海之帝为忽,中央之帝为浑沌。儵与忽时相与遇于浑沌之地,浑沌待之甚善。儵与忽谋报浑沌之德,曰:“人皆有七窍以视听食息⑨,此独无有,尝试凿之。”日凿一窍,七日浑沌死。

【注释】

① 无为名尸:不作名声的承当者。尸:主。② 谋府:藏计谋的府库。③ 无为事任:不要强行任事,让事物自己发展。④ 无为知主:不要作智慧的主宰,即放弃智慧。⑤ 无朕:没有征兆,指太虚境界。⑥“亦虚”句:承上句“体尽无穷”而言,因“无穷”的道本是虚的,所以这里说“亦虚而已”。⑦“至人”二句:形容至人顺任自然不作任何主观努力。将:送。⑧ 儵(shū):与下文的忽、浑沌皆虚构的名字。⑨ 七窍:人体一口、两眼、两鼻孔、两耳,合称七窍。

【翻译】

一

啮缺向王倪请教，问了四次却都回答不知道。啮缺因而高兴得跳起来，跑去告诉了蒲衣子。蒲衣子说："你现在才领悟到这些道理吗？有虞氏及不上泰氏。有虞氏还怀藏仁义去笼络人心，虽然也能够得人心，但他始终没有超脱于外物。泰氏呢，他睡觉时安闲舒适，醒来后无忧无虑，任凭别人把自己看成和马一样，任凭别人把自己看成和牛一样。他的智慧确实可信，他的道德纯真无伪，而从未陷入外物的羁绊。"

二

肩吾去见狂人接舆。狂人接舆问道："日中始对你怎么说？"肩吾说："他告诉我，君王根据个人的意见制定礼仪法度，人民有谁敢不听从而接受教化呢？"狂人接舆说："这是骗人的意见。这对于治理天下，就像跨越大海去开河、派遣蚊虫去背山一样荒唐。圣人治理天下，是从外部去强制的吗？他只要守住清静之道，自然就行得通，实实在在地根据各人的能力放手让他们干就是了。而且，鸟还能高飞以避免弓箭的伤害，鼷鼠还会在神社底下挖个深洞，以躲避烟熏挖掘的祸患，难道人竟不如这两种动物吗？"

三

天根在殷山的南面游历，来到了蓼水边，恰巧遇到无名人，就问他说："请问要怎样来治理天下？"无名人说："走开！你是个鄙陋的人，所问的问题为什么这样使人不愉快！我正要和造物主作伴，厌烦了，就乘着轻虚的鸟，飞出天地四方之外，遨游在虚无之乡，居住在空荡辽阔的旷野之中。你又拿什么治理天下的梦话来撼动我的心！"天根又再问，无名人说："你让自己的心游于恬淡的境地，使你的气息跟寂寞的境界相合，顺应事物的自然本性而不带私心成见，那么天下就可以治理好了。"

四

阳子居去见老聃，问道："有这样一个人，一向憎恶强横霸道，认识洞彻明达，学道不知疲倦。像他这样的人，可以与明王相比吗？"老聃说："对于圣人来说，他这种人，是像小吏卜者一样被技艺所牵累、劳苦形体，而使自己心神恐惧的人。而且，虎豹因皮有花纹而招人猎取，猿猴的灵敏招引人来把它抓住。像这样的人，可与明王相比吗？"阳子居局促不安地问："请问明王是怎样治理天下的？"老聃说："明王的治理是这样的：功绩广被天下却好像不是由于自己；化育及于万物而人民不觉得自己是在依赖他；虽有功德却无法用语言形容，能使万物自己各得其乐。这是立足于神妙不测的变化，而游于无所作为境地的人。"

五

郑国有一个神巫叫季咸，能够预测人的生死存亡，祸福寿夭，推算事情发生的年、月、旬、日，准确如神。郑国人见了他，都离开他走得远远的。列子见了他却心醉神迷，回来告诉壶子说:“原先我以为先生的道术已经达到了顶点,现在才知道还有更高的了。”壶子说:“我只是把道的形式方面都传给你了,还没有穷尽道的实质,你真的以为得道了吗?如果只有一群雌鸟而没有雄鸟,怎么能产卵呢?你用自己所有的那一点道与世人周旋交往,而且定要占上风,因此被人窥测到你的底细。你想法跟他一起来,让他看一看我。”

第二天,列子跟季咸一起来见壶子。季咸出来后对列子说:“哎,你的先生要死了!不能救活了,到不了十天了!我看他形色怪异,就像一堆湿灰,毫无生气。”列子进来,哭得眼泪湿透衣襟,把季咸的话告诉壶子。壶子说:“刚才我显示给他看的是寂静的心境,浑浑沌沌既不像动也不像静。他大概看到了我生机的闭塞。你再带他来看看。”

第二天,列子又跟季咸去见壶子。季咸出来对列子说:“真是幸运,你的先生遇到了我!他有救了!完全有活的希望了!我看到他的闭塞已有所变化了。”列子进来把季咸的话告诉壶子。壶子说:“刚才我显示给他看的是神、气和合的生机,虚名实利不侵入内心,生机从脚跟升起。他大概是见到了我病愈之机了。你再带他来看看。”

第三天,列子又跟季咸来见壶子。季咸出来对列子说:“你的先生阴阳之气变化不定,我没有办法观察。请等他平定了,再来给他看。”列子进来把季咸的话告诉壶子,壶子说:“我刚才显示给他看的是无征兆可寻的太虚境界,大概看到我平静均匀的生机了。这种生机就像鲵鱼盘旋之处会成为深渊,而静水停聚的地方也会形成深渊,流水不息的地方也会形成深渊。深渊有九种,这只是三种。你再带他来看看。”

第四天，列子又跟季咸去见壶子。季咸还未站稳脚跟，就惊恐失色而赶快走了。壶子说："把他追回来。"列子追出去，但赶不上。回来告诉壶子说："已经看不到了，不知哪里去了，我最终追不上他。"壶子说："方才我显示给他看的是从未显过形迹的大道。我给他的只是虚空，但却婉曲随顺，变化无方。他不明白这究竟是怎么回事，就像草随风披靡，像水随波逐流，所以他逃走了。"

从此以后，列子才知道自己没有学到真正的道，回家去了。他三年不出门，替他的妻子烧火做饭，喂猪就像给人喂饭，对于事物一视同仁，无所偏爱。他摒弃浮华复归质朴，好像失去知觉似的只有形体存在于世上。在纷纭中保持真朴，终身都是这样。

六

不要承担名声，不要积聚谋虑，不要强行任事，不要使用智慧。彻底体会变化无尽的大道，游心于虚寂无征兆的境界，充分发挥天赋的自然本性，却不要显示自己得到了什么，要像道一样地虚无！至人的用心像一面镜子，任物来去不加迎送，有叩必应而无所隐藏，所以能够经受外物的临照而不被物所损伤。

南海的最高之神名叫儵，北海的最高之神名叫忽，中央的最高之神名叫浑沌。儵和忽经常到浑沌那儿相会，浑沌款待他们很周到，儵与忽商量报答浑沌款待的美意，说："人都有七窍，用来看、听、饮食、呼吸，唯独他没有这些器官，我们不妨试着替他凿开。"他们俩每天给浑沌凿开一窍，到第七天浑沌就死了。

胠　箧

本篇的主旨虽仍是宣扬绝圣弃智、无为而治，但对当时的社会却有相当深刻的揭露。文中所谓“窃钩者诛，窃国者为诸侯，诸侯之门而仁义存焉”，就是说：盗窃小东西的人要被判死罪，盗窃整个国家的人却可以成为诸侯，而这些窃国大盗又利用权势成了道德的化身，不但他们被吹嘘为道德完美的偶像，而且谁仁义、谁不仁义都由他们来判定。这是怎样的颠倒黑白而又滑稽可笑，但又正是那个社会的生动写照。文中还揭露了所谓圣人与大盗的关系，认为圣人不过是在助长大盗的暴行，这对于揭露那些维护当时统治的意识形态的实质也颇为深刻。至于他希望回到三代以前的那种无为而治的时代，则是他既对现实极度的不满，但又找不到出路而导致的幻想。

一

将为胠箧探囊发匮之盗而为守备①，则必摄缄縢固扃鐍②，此世俗之所谓知也。然而巨盗至，则负匮揭箧

担囊而趋，唯恐缄縢扃鐍之不固也。然则乡之所谓知者③，不乃为大盗积者也④？

【注释】

① 胠(qū)：撬开。箧(qiè)：箱子之类的器具。匮：同"柜"。胠箧、探囊、发匮，都指偷盗行为。② 摄：捆绑。缄、縢(téng)：指捆东西的绳子。扃(jiōng)：开关。鐍(jué)：锁钥。③ 乡：早先。④ 积：储，储备。

故尝试论之：世俗之所谓知者，有不为大盗积者乎？所谓圣者，有不为大盗守者乎？何以知其然邪？昔者齐国邻邑相望①，鸡狗之音相闻，罔罟之所布②，耒耨之所刺③，方二千余里。阖四境之内④，所以立宗庙社稷⑤，治邑屋州闾乡曲者⑥，曷尝不法圣人哉！然而田成子一旦杀齐君而盗其国⑦。所盗者岂独其国邪？并与其圣知之法而盗之⑧。故田成子有乎盗贼之名，而身处尧舜之安，小国不敢非，大国不敢诛，十二世有齐国⑨。则是不乃窃齐国，并与其圣知之法，以守其盗贼之身乎？

【注释】

① "昔者"二句：语出《老子》："邻国相望，鸡犬之声相闻"，描写宁静太平景象。② 罔(wǎng)罟(gǔ)：捉鸟捕鱼的用具。捉鸟的称罔，捕鱼的称罟。罔："网"的异体字。③ 耒(lěi)耨(nòu)：犁和锄头。④ 阖：全，整个。⑤ 宗庙社稷：指国家。宗庙，祭祀祖先的地方。社稷，祭祀土地神和

谷神的祠堂。⑥“治邑”句：邑、屋、州、闾，都是古代大小不同地方行政区域。据《周礼·小司徒》：“四井为邑。”郑玄注引《司马法》：“六尺为步，百步为亩，百亩为夫，三夫为屋，三屋为井，四井为邑。”《周礼·大司徒》：“五家为比，五比为闾，四闾为族，五族为党，五党为州。”邑屋指土地言，州闾指户口言。乡曲：偏僻的乡村。⑦ 田成子：齐国大夫陈恒。鲁哀公十四年杀齐简公，夺取齐国政权。田、陈古音同。成子是陈恒死后别人给他的称号。⑧“并与”句：意谓田成子打着圣人礼制法度的旗号篡夺齐国政权，因此在篡国时连圣人的礼制法度也一齐窃取了。⑨“十二”句：从田成子到齐国最后一个国君齐王建共十二代。齐王建即位在公元前 264 年，一般认为庄周死在公元前 286 年左右。倘若这一句在文字上并未经过后人的修改，而学术界对庄周生卒年的推断又大致正确，那么此篇当为庄周后学所作。

尝试论之：世俗之所谓至知者，有不为大盗积者乎？所谓至圣者，有不为大盗守者乎？何以知其然邪？昔者龙逢斩，比干剖，苌弘胣，子胥靡①，故四子之贤而身不免乎戮。故跖之徒问于跖曰②：“盗亦有道乎？”跖曰：“何适而无有道邪！夫妄意室中之藏，圣也；入先，勇也；出后，义也；知可否，知也；分均，仁也。五者不备而能成大盗者，天下未之有也。”由是观之，善人不得圣人之道不立③，跖不得圣人之道不行；天下之善人少而不善人多，则圣人之利天下也少而害天下也多。故曰唇竭则齿寒④，鲁酒薄而邯郸围⑤，圣人生而大盗起。掊击圣人⑥，纵舍盗贼，而天下始治矣。

【注释】

① 龙逢、比干：见《人间世》注。苌弘，周敬王时大夫，被国君杀害。施(chǐ)：裂，这里指车裂。子胥：姓伍名员，父兄为楚平王杀害，投奔吴王夫差。夫差侵占越国后，与越王勾践讲和，子胥反对，夫差赐剑给子胥自杀，尸首被抛入江中。靡：碎，通“糜”，指子胥尸首糜烂于江中。② 跖(zhí)：一称盗跖，春秋末期奴隶起义领袖。③ 圣人之道：即指上文“五者”。④ 唇竭齿寒：即唇亡齿寒。竭，作“亡”解。⑤ “鲁酒”句：楚宣公会合各国诸侯，鲁恭公迟到，献上的酒淡薄无味，而后楚国发兵攻鲁。梁惠王一直想攻伐赵国，但怕楚国救援而不敢出兵，此时趁楚鲁相争之机，出兵围攻赵城邯郸。⑥ 掊(pǒu)击：抨击。

二

夫川竭而谷虚，丘夷而渊实。圣人已死，则大盗不起，天下平而无故矣。圣人不死，大盗不止。虽重圣人而治天下，则是重利盗跖也。为之斗斛以量之①，则并与斗斛而窃之；为之权衡以称之②，则并与权衡而窃之；为之符玺以信之③，则并与符玺而窃之；为之仁义以矫之，则并与仁义而窃之。何以知其然邪？彼窃钩者诛④，窃国者为诸侯，诸侯之门而仁义存焉，则是非窃仁义圣知邪？故逐于大盗，揭诸侯⑤，窃仁义并斗斛权衡符玺之利者，虽有轩冕之赏弗能劝⑥，斧钺之威弗能禁⑦。此重利盗跖而使不可禁者，是乃圣人之过也。

【注释】

① 斛(hú):量器,古代十斗为一斛,南宋末年改为五斗。② 权衡:权,秤锤。衡,秤杆。③ 符玺:用以作为凭证的物品。符,分为两片,合起来成为一整体,双方各拿一片作凭据。玺,印章,秦朝以后专指皇帝的印(皇后的印有时也可称玺)。④ 钩:衣带钩,指代不值钱的东西。⑤ 揭:这里指窃取,承上文"揭箧"而言,意谓把诸侯之位也像"揭箧"似地拿走。⑥ 轩冕:轩,古时大夫以上的人乘的车子。冕,古时大夫以上的人带的帽子,此处代表官爵。劝:勉励。在当时"劝"字用于勉励人去做某些事情,若阻挡人去做某些事则不用"劝"字,此处是指勉励人做好事。⑦ 斧钺(yuè)之威:指死刑的威吓。钺,大斧。

故曰:"鱼不可脱于渊,国之利器不可以示人①。"彼圣人者,天下之利器也,非所以明天下也。故绝圣弃知②,大盗乃止;擿玉毁珠③,小盗不起;焚符破玺,而民朴鄙;掊斗折衡,而民不争;殚残天下之圣法④,而民始可与论议。擢乱六律⑤,铄绝竽瑟⑥,塞瞽旷之耳⑦,而天下始人含其聪矣;灭文章,散五采,胶离朱之目⑧,而天下始人含其明矣;毁绝钩绳而弃规矩⑨,攦工倕之指⑩,而天下始人有其巧矣⑪。故曰:"大巧若拙。"削曾、史之行⑫,钳杨、墨之口⑬,攘弃仁义,而天下之德始玄同矣⑭。彼人含其明,则天下不铄矣⑮;人含其聪,则天下不累矣;人含其知,则天下不惑矣;人含其德,则天下不僻矣。彼曾、史、杨、墨、师旷、工倕、离朱,皆外立其德而以爚乱天下者也⑯,法之所无用也⑰。

【注释】

①“国之”句：语出《老子》，利器指国家赖以维持的政教法令和道德规范。② 绝圣弃知：语出《老子》。绝：弃，抛弃的意思。知，智。③ 擿(zhì)：同“掷”。④ 殚(dān)残：彻底摧毁。殚，尽。⑤ 擢(zhuó)：搅乱。⑥ 铄(shuò)：销毁。竽：吹奏乐器。瑟：弹拨乐器。⑦ 瞽旷：古代乐师。⑧ 离朱：古代传说中的人名，也作离娄，能在百步之外明察秋毫。⑨ 钩：木匠用来矫正圆弧的工具。绳：用来校正直线的工具。规：画圆的工具。矩：画方的工具。⑩ 擺(lì)：折断。工倕：尧时著名工匠，相传规矩是他发明的。⑪ 巧：这里指人所天然具有的技巧。⑫ 曾、史：曾指曾参，姓曾名参，字子舆，孔子学生；史指史鳅，字子鱼，春秋时卫灵公臣子。两人皆以仁孝著称。⑬ 杨、墨：杨指杨朱，战国时的哲学家，魏国人，主张“贵生”、“重己”，反对墨子的兼爱和儒家的伦理思想；墨指墨子，名翟，春秋战国之际思想家，墨家的创始人。⑭ 玄同：混同暗合。语出《老子》：“塞其兑，闭其门，挫其锐，解其纷，和其光，同其尘，是谓玄同。”塞兑、闭门、挫锐都是表示含藏不露，解纷、和光、同尘表示混同为一。⑮ 铄：耀，眩。⑯ 德：德在古代的含义很广泛，《释名》说：“德，得也，得事宜也。”所以，师旷等人所具有的突出成就，也可以称“德”。爚(yuè)乱：迷乱。⑰ 法：这里指至道。

三

子独不知至德之世乎？ 昔者容成氏、大庭氏、伯皇

氏、中央氏、栗陆氏、骊畜氏、轩辕氏、赫胥氏、尊卢氏、祝融氏、伏牺氏、神农氏[①]，当是时也，民结绳而用之[②]，甘其食，美其服，乐其俗，安其居，邻国相望，鸡狗之音相闻，民至老死而不相往来。若此之时，则至治已。今遂至使民延颈举踵曰[③]“某所有贤者”，赢粮而趣之[④]，则内弃其亲而外去其主之事，足迹接乎诸侯之境，车轨结乎千里之外。则是上好知之过也。

【注释】

① 容成氏等十二人，皆为传说中的古代帝王。② 结绳：远古没有文字，故用绳子打结的办法来记事。③ 延颈举踵：伸长脖子，提起脚后跟，形容向往、企慕的神态。④ 赢（yíng）：装足。

上诚好知而无道，则天下大乱矣。何以知其然邪？夫弓弩毕弋机辟之知多[①]，则鸟乱于上矣，钩饵罔罟罾笱之知多[②]，则鱼乱于水矣；削格罗落罝罘之知多[③]，则兽乱于泽矣；知诈渐毒、颉滑坚白、解垢同异之变多[④]，则俗惑于辩矣[⑤]。故天下每每大乱，罪在于好知。故天下皆知求其所不知而莫知求其所已知者，皆知非其所不善而莫知非其所已善者，是以大乱。故上悖日月之明，下烁山川之精，中堕四时之施[⑥]；惴耎之虫[⑦]，肖翘之物[⑧]，莫不失其性。甚矣，夫好知之乱天下也！自三代以下者是已[⑨]。舍夫种种之民而悦夫役役之佞，释夫恬淡无为而悦夫啍啍之意[⑩]，啍啍已乱天下矣。

【注释】

① 弩：装有机关的弓。毕：有长柄的网，用以捕鸟。弋：带着绳子的箭。机辟：有机关的捕兽工具。② 罾(zēng)笱(gǒu)：捕鱼的工具。罾，方形的渔网，放入水底，鱼游进去则吊起。笱，竹做的捕鱼工具，笼状，鱼进去就不能出来。③ 削格：用坚硬的竹木做的捕兽器具，野兽踏中机关，脚就给钳住不能逃脱。罗落：罗网。落，通"络"。罝(jū)罘(fú)：捕兽的网。④ 渐毒：欺诈。颉滑：机巧，狡黠。坚白：指坚白之辩。解垢：诡曲之辩。⑤ 辩：变。⑥ 堕：同"隳"，破坏。⑦ 惴耎(ruǎn)：蠕动。⑧ 肖翘：微小的昆虫，此指细小的东西。⑨ 三代：指夏、商、周三代。⑩ 哼哼：愚蠢的样子。哼哼之意：指儒家、墨家等关于治理天下的各种意见。

【翻译】

一

要想对付撬箱子、掏袋子、开柜子的盗贼而作防备，就一定会捆紧绳索，加固锁钮，这是世俗所认为的聪明办法。但一旦大盗来了，他们就背起柜子、提起箱子、挑起袋子跑，还唯恐绳索、锁钮不牢固呢。那末，原先所谓的聪明办法，不反而是在替大盗做准备吗？

因此我试作论述：世俗所谓的聪明人，有不是为大盗做准备的么？所谓的圣人，有不是在为大盗守护的么？怎么知道是这样的呢？过去齐国邻近的城邑能互相看见，鸡狗的叫声能互相听见，网罟所设置的地方，犁锄所耕作的地方，方圆有二千多里。整个国家的四境之内，所用以建立宗庙社稷、治理邑屋州闾的准则，何尝不是效法圣人的呢！然而田成子一旦诛杀齐君而夺取了他的国家，他所夺取的难道只是那个国家本身吗？并且连他们所遵循的圣人智者的礼制法度也一起盗取来了。所以田成子虽有盗贼的名称，但其身却处于尧舜那样的安全之中。小国不敢非议他，大国不敢讨伐他，子孙后代统治齐国已有十二世了。这不正是在夺取齐国的同时，把其圣人、智者的礼制法度也一并窃取过来，用以守护他那盗贼的身家性命吗？

我再试作论述：世俗所谓最聪明的人，有不是为大盗做准备的么？所谓的至圣，有不是在为大盗守护的么？怎么知道是这样的呢？从前龙逢被斩首，比干被挖心，苌弘被车裂，子胥尸体糜烂于江中，则是连他们这样的贤人都不免身遭杀戮。而跖的徒弟问跖说："盗贼也有道吗？"跖说："到哪里去没有道呢？能够猜到室中储藏的财物是圣，进去在前是勇，出来在后是义，知道能不能下手是智，分赃平均是仁。不具备这五点而能成为大盗的，天下从来没有过。"由此看来，善人得不到圣人的道就不能立身，跖得不到圣人的道就不能行事。天下善人少而不善之人多，因此圣人之有利于天下的就少，而有害于天下的就多。所以说，嘴唇没有了，牙齿就会发冷，鲁国进的酒淡薄，致使邯郸遭到围攻，圣人出现，大盗就兴起。抨击圣人，释放盗贼，天下才能太平。

二

河流枯竭，山谷就空虚无水了，山丘荡平，深渊就填满了。圣人死了，大盗就不再兴起，天下就太平无事了。只要圣人不死，大盗就不会止息。纵使抬高圣人的地位以治理天下，那也只是增加了盗跖之流的利益罢了。制造斗斛来量物，大盗却连斗斛一起偷去；制造秤来称轻重，大盗却连秤一起偷去；制造符、印作为信物，大盗却连符、印一起偷去；倡导仁义来矫正偷盗行为，大盗却连仁义一起偷去了。怎么知道是这样的呢？那些盗窃衣带钩的人遭诛杀，盗窃国家的人却成为诸侯，而仁义就存在于诸侯之门，这岂不是说明窃国之人盗窃了仁义和圣智吗？所以那些追随大盗之后，想窃取诸侯的地位，窃取仁义和斗斛、秤、符印等利益的人们，虽然有高车轩冕的封赏也不能勉励他们做好事，用斧钺刑罚的威慑也禁止不了他们。像这样地增加盗跖之徒的利益而使他们的恶行成为不可禁止，全是圣人的过错。

所以说："鱼不可脱离深渊，统治国家的重要手段不可向人显示。"那些圣人就是统治天下的重要工具，并不是用来使天下光明的。因此，只有弃去圣人抛掉智者，大盗才能止息；扔掉了宝玉，毁坏了明珠，小盗就不会兴起；焚毁了符契，砸破了印章，人民就会质朴；打碎了斗斛，折断了秤杆，人民就不会争斗；只有完全毁坏天下的圣智之法，才能与人民议论大道。只有扰乱六律，销毁竽瑟，堵塞师旷的耳朵，天下才能做到每个人都有灵敏的听觉；只有毁灭文饰，散乱五采，粘住离朱的眼睛，天下才能做到每个人都有明亮的视力；只有毁坏钩绳，抛弃规矩，折断工倕的手指，天下才能做到每个人都有天然的技巧。所以说，天工巧匠看上去都很笨拙。铲除曾参、史鱼的德行，封住杨朱、墨翟的嘴巴，抛弃仁义，那么天下人的德性就含藏不露，混通为一了。假如人人都有明亮的视力，那么天下人就不会被眩惑了；人人都有灵敏的听觉，那么天下人就不会被悦耳的乐声所牵累了；人人都有智慧，那么天下人就不会被迷惑了；人人都有天赋的道德，那么天下人就不会有邪僻的行为了。曾参、史鱼、杨朱、墨翟、师旷、工倕、离朱他们，都是从表面上看来树立了他们的德，却因此而扰乱了天下的人，这是为至道所不取的。

三

你单单不知道那至高无上的道德盛行的时代吗？从前容成氏、大庭氏、伯皇氏、中央氏、栗陆氏、骊畜氏、轩辕氏、赫胥氏、尊卢氏、祝融氏、伏牺氏、神农氏，在他们的时候，人民用在绳子上打结的办法来记事，对自己的饮食，感到很香甜，认为自己的衣服很漂亮，对当时的风俗感到很快乐，觉得自己的住所很安适，相近的国家之间可以互相望见，鸡狗的吠叫声可以互相听见，而人民之间到老死也不互相往来。像这样的时代，可算是最太平了。而现在居然让人民伸长脖子、踮起脚跟，企慕地说：“那个地方有个贤人。”就带足粮食去归依他，于是在家内背弃了亲人，就家外来说则抛弃了主上的事务，他们的足迹连及各诸侯的领土，车辆走过的痕迹远在千里之外，这就是君上爱好智慧的过错啊。

假如君上真的爱好智慧而弃去大道，那么天下就要大乱了！怎么知道是这样的呢？制造弓弩毕弋机关的智慧多，天空中的鸟就会惊扰而乱飞了；制造钩饵网罟罾笱的智慧多，水中的鱼就会惊扰而乱游了；制造削格罗网置罘的智巧多，山泽里的野兽就会惊扰而乱窜了，机诈、欺骗、狡猾、剖析坚白、辞求诡曲、侈谈同异之类的反常现象多，世俗的人就会被这些所迷惑了。因此天下常常大乱，罪过便在于喜好智慧。所以天下人都只知道追求他所不知道的，而不知探求他已经知道的；都只知道否定他所认为不善的，而不知否定他所认为善的，因此天下才大乱。这样上而悖乱了日月的光明，下而销减了山川的精气，中而破坏了四时的运行，连蠕动的小爬虫、轻微细小的生灵，都没有不失却本性的。喜好智慧对天下的扰乱真是厉害啊！三代以下的君主都是这样的。舍弃纯朴的人民而喜欢奔走钻营的佞人，废弃清静无为而喜爱那些愚蠢的意见，这种愚蠢已经使得天下大乱了！

秋　水

本篇主题思想是论证宇宙在时间、空间上的相对性。作者认为：空间的延伸是没有穷尽的，时间的流逝是没有止境的，而每个个人的生命则是有限的。因此人们的认识总是有局限的，不可能完全地掌握世界。同时，在这样无穷的时间和空间中，一切都在发展变化，因而既没有凝固不变的事物，也没有凝固不变的标准。这些思想里有明显的辩证法的因素。但从此出发，他却得出了人在宇宙中无能为力，只能完全屈从于自然的结论，所谓“无以人灭天，无以故灭命，无以得殉名”，尽管他所说的“天”不是有意志的神，而是指天然的东西，但归根到底仍是向自然界屈服。这是本篇的思想局限，也是庄子哲学思想的根本局限。从写作上来说，本篇是《庄子》一书中文学性最强的部分之一。如河伯游北海的一段，写景、叙事都很生动，河伯与北海若的对话也跌宕多姿，成为历来传诵的散文名篇。

一

秋水时至①，百川灌河②，泾流之大③，两涘渚崖之间不辩牛马④。于是焉河伯欣然自喜⑤，以天下之美为尽在己。顺流而东行，至于北海，东面而视，不见水端。于是焉河伯始旋其面目⑥，望洋向若而叹曰⑦：“野语有之曰：‘闻道百⑧，以为莫己若者。’我之谓也。且夫我尝闻少仲尼之闻而轻伯夷之义者，始吾弗信；今我睹子之难穷也，吾非至于子之门，则殆矣，吾长见笑于大方之家⑨。”

【注释】

①“秋水”句：秋水准时来到了。这里当指秋天的潮汛，所以说“时至”。② 河：黄河。③ 泾流：水流。泾是“巠”的假借，直流的水波。④ 涘（sì）：水边。渚（zhǔ）：水中间的小块陆地。辩：通“辨”。⑤ 河伯：河神，传说姓冯名夷。⑥“于是”句：言河伯自觉羞惭，改变他原来欣然自喜的面貌。⑦ 望洋：仰视的样子。若：海神名。⑧“闻道”二句：听得的道理多了，就觉得自己学识广博，道德高深，没有人能及得上自己。道：道理，包括下句所说的“学识”和“义行”两方面。百：泛指多。⑨ 大方：大道。

北海若曰：“井蛙不可以语于海者①，拘于虚也；夏虫不可以语于冰者②，笃于时也；曲士不可以语于道者③，束于教也。今尔出于崖涘，观于大海，乃知尔丑，尔将可与语大理矣。天下之水，莫大于海，万川归之，不知何时止而不盈，尾闾泄之④，不知何时已而不虚；春秋不变，水旱不知。此其过江河之流，不可为量数。而吾未尝以此自多者，自以比形于天地而受气于阴阳⑤，吾在于天地之间，犹小石小木之在大山也，方存乎见少，又奚以自多！计四海之在天地之间也，不似礨空之在大泽乎[⑥]？计中国之在海内，不似稊米之在大仓乎[⑦]？号物之数谓之万[⑧]，人处一焉；人卒九州，谷食之所生，舟车之所通，人处一焉；此其比万物也，不似豪末之在于马体乎？五帝之所连[⑨]，三王之所争[⑩]，仁人之所忧[⑪]，任士之所劳[⑫]，尽此矣。伯夷辞之以为名[⑬]，仲尼语之以为博。此其自多也，不似尔向之自多于水乎？”

【注释】

①“井蛙”二句：意谓井底之蛙受居住地域的限制，不能理解大海的浩瀚。虚：通“墟”，居处。②“夏虫”二句：只能生活在夏天的昆虫，到冬天已死去，所以不知冰是什么东西。笃：拘限。③ 曲士：乡曲之士，即穷乡僻壤之士。④ 尾闾：传说中的地名，排泄海水的地方。⑤ 比形于天地：谓寄形于天地之间。比：通“庇”，寄寓。⑥ 礨（lěi）空：石上小孔。礨：石块。⑦ 稊：一种像稗子一样的草。⑧ 号：称号。⑨ 五帝：传说中的上古帝王，有三种说法：黄帝、颛顼、帝喾、唐尧、虞舜；太皞（伏戏）、炎帝（神农）、黄帝、少皞、颛顼；少昊、颛顼、高辛（帝喾）、唐尧、虞舜。连：连续，此处指禅让。⑩ 三王：指夏禹、商汤、周文王。⑪ 仁人：指儒家者流。⑫ 任士：指墨家者流。墨家以天下为己任，故称作任士。⑬“伯夷”句：指伯夷辞去孤竹君位的事。伯夷是商末孤竹君长子，孤竹君传位于次子叔齐，叔齐让位于伯夷，伯夷不受，两人一起投奔到周。

河伯曰："然则吾大天地而小豪末，可乎？"北海若曰："否。夫物，量无穷①，时无止②，分无常，终始无故③。是故大知观于远近，故小而不寡，大而不多，知量无穷；证曏今故④，故遥而不闷，掇而不跂⑤，知时无止；察乎盈虚，故得而不喜，失而不忧，知分之无常也；明乎坦涂⑥，故生而不说，死而不祸，知终始之不可故也。计人之所知，不若其所不知；其生之时，不若未生之时；以其至小求穷其至大之域⑦，是故迷乱而不能自得也。由此观之，又何以知豪末之足以定至细之倪⑧！又何以知天地之足以穷至大之域！"

【注释】

① 量无穷：事物的度量无穷尽，指空间无穷尽。② 时无止：指时间无穷尽。③ 故：固。④ 证曏今故：证明今古，指通晓古今之变。曏（xiàng）：明。故：通"古"。⑤ 掇：拾取，喻事物近在眼前。跂：通"企"，求。⑥"明乎"四句：意谓他对万物的演变作总体考察，知道一个事物的结束也就是另一事物的开始，所以终始的界线不能固定，因而人的出生和死亡同样是旧事物的结束和新事物的开始，没有为之喜悦或悲哀的必要。坦涂：大路，喻万物演变的路程。涂，通"途"。说：通"悦"。终：死。始：生。⑦ 至小：指个人的生命、知识。至大之域：指无穷无尽的客观世界。⑧ 倪：界限，标准。

河伯曰："世之议者皆曰：'至精无形，至大不可围①。'是信情乎？"北海若曰："夫自细视大者不尽，自大视细者不明。故异便②，此势之有也。夫精，小之微也；垺③，大之殷也④；夫精粗者，期于有形者也⑤；无形者，数之所不能分也；不可围者，数之所不能穷也。可以言论者，物之粗也；可以意致者，物之精也。言之所不能论⑥，意之所不能察致者，不期精粗焉。”

【注释】

① 不可围：指不可以范围来限制的无穷大。② 便：通“辨”。势：指事物的必然性。③ 垺(fóu)：极大。④ 殷：大。⑤ 期：限度，这里作动词用。⑥“言之”三句：指玄妙的天道。“不期”句下尚有一百一十一字，陈鼓应《庄子今注今释》以为并非原文，其说可信，今删去。

河伯曰：“若物之外，若物之内，恶至而倪贵贱①？恶至而倪小大？”北海若曰：“以道观之，物无贵贱；以物观之，自贵而相贱；以俗观之②，贵贱不在己。以差观之③，因其所大而大之，则万物莫不大；因其所小而小之，则万物莫不小；知天地之为稊米也，知豪末之为丘山也，则差数睹矣④。以功观之，因其所有而有之，则万物莫不有；因其所无而无之，则万物莫不无；知东西之相反而不可以相无⑤，则功分定矣⑥。以趣观之⑦，因其所然而然之，则万物莫不然；因其所非而非之，则万物莫不非；知尧桀之自然而相非⑧，则趣操睹矣⑨。

【注释】

① 倪：端倪，开端。②“以俗”二句：谓从世俗的立场看，人们说贵就是贵，人们说贱就是贱，贵贱随人而定。③“以差”五句：言事物大小的差别是相对的，与极小相

比，万物都是大的；与极大相比，万物都是小的。④ 数：情势。⑤"知东"句：言东西相反相成，没有东无所谓西，没有西无所谓东，因此说不可以相无。⑥ 功分：功用的分限，意即各有效用，又各有限度。⑦ 趣：通"趋"，倾向。⑧ 自然：自以为是。然，是。⑨ 操：疑为"揞"字之误。趣揞：取舍。

"昔者尧、舜让而帝，之、哙让而绝①；汤、武争而王，白公争而灭②。由此观之，争让之礼，尧、桀之行，贵贱有时，未可以为常也。梁丽可以冲城③，而不可以窒穴，言殊器也；骐骥骅骝④，一日而驰千里，捕鼠不如狸狌，言殊技也；鸱鸺夜撮蚤⑤，察豪末，昼出瞋目而不见丘山，言殊性也。故曰'盖师是而无非，师治而无乱乎'，是未明天地之理、万物之情者也。是犹师天而无地，师阴而无阳，其不可行明矣。然且语而不舍，非愚则诬也。帝王殊禅，三代殊继⑥。差其时，逆其俗者，谓之篡夫；当其时，顺其俗者，谓之义之徒。默默乎河伯！女恶知贵贱之门⑦，大小之家！"

【注释】

①"之、哙"句：燕王哙效仿尧舜，把王位禅让给国相子之，燕人不服，引起内乱。齐国乘机伐燕，杀哙和子之。②"白公"句：白公，白公胜，楚平王孙子。他父亲太子建受人陷害，流亡国外，生白公胜。白公胜回国，发动武装政变，杀令尹子西和司马期，最后被叶公子高打败，在山里上吊自杀。③ 梁丽：即"樑欐"，房屋的栋梁。④ 骐骥骅骝：都是骏马的名称。⑤ 鸱（chī）鸺（xiāo）：猫头鹰。撮：抓。⑥ 三代：指夏、商、周。夏的开国君主禹是通过禅让，由舜

主动把帝位传给他的;商的开国君主汤和周的开国君主周武王,则是通过战争而夺取帝位的,所以说"三代殊继"。⑦ 门:与下句"家"都有范围、界限的意思。

河伯曰:"然则我何为乎,何不为乎?吾辞受趣舍,吾终奈何?"北海若曰:"以道观之,何贵何贱①,是谓反衍②;无拘而志③,与道大蹇④。何少何多,是谓谢施⑤,无一而行,与道参差。严严乎若国之有君⑥,其无私德;繇繇乎若祭之有社⑦,其无私福;泛泛乎若四方之无穷⑧,其无所畛域。兼怀万物⑨,其孰承翼?是谓无方。万物一齐,孰短孰长?道无终始。物有死生,不恃其成;一虚一盈,不位乎其形⑩。年不可举⑪,时不可止;消息盈虚,终则有始。是所以语大义之方,论万物之理也。物之生也,若骤若驰⑫,无动而不变,无时而不移。何为乎,何不为乎?夫固将自化。"

【注释】

① 何:此处是某的意思。② 反衍:反复循环。③ 而:汝。④ 蹇(jiǎn):阻塞,引申为抵触。⑤ 谢:代谢。施:转移。⑥ 严严:即"俨俨",庄重严肃的样子。⑦ 繇繇:通"悠悠",自得的样子。⑧ 泛泛:广阔无际的样子。⑨ 怀:爱。⑩ 位:固定。⑪ 举:去。这里是使它离去,也即加快时间的流逝。⑫ 骤:马的疾驰,比驰还快。

河伯曰:"然则何贵于道邪?"北海若曰:"知道者必达于理,达于理者必明于权,明于权者不以物害己。

至德者，火弗能热，水弗能溺，寒暑弗能害，禽兽弗能贼。非谓其薄之也，言察乎安危，宁于祸福，谨于去就，莫之能害也。故曰：天在内，人在外，德在乎天。知天人之行，本乎天，位乎得，蹢躅而屈伸①，反要而语极②。”

曰：“何谓天？何谓人？”北海若曰：“牛马四足，是谓天；落马首③，穿牛鼻，是谓人。故曰：无以人灭天，无以故灭命④，无以得殉名⑤。谨守而勿失，是谓反其真。”

【注释】

① 蹢(zhí)躅(zhú)：进退不定的样子。② 反：同“返”。要：道的至要，核心。极：极致，最高的造诣。③ 落：通“络”，笼络。④ 故：巧伪。命：天命。从其上文看，命乃是基于自然而不可避免的现象。⑤ 得：通“德”。

二

夔怜蚿①，蚿怜蛇，蛇怜风，风怜目，目怜心。夔谓蚿曰：“吾以一足趻踔而行②，予无如矣。今子之使万足，独奈何？”蚿曰：“不然。子不见夫唾者乎？喷则大者如珠，小者如雾，杂而下者不可胜数也。今予动吾天机，而不知其所以然。”蚿谓蛇曰：“吾以众足行，而不及子之无足，何也？”蛇曰：“夫天机之所动，何可易邪？吾安用足哉！”蛇谓风曰：“予动吾脊胁而行，则有似也。今子蓬蓬然起于北海③，蓬蓬然入于南海，而似无有，何也？”风曰：“然。予蓬蓬然起于北海而入于南海也，然而指我则胜我④，鳍我亦胜我。虽然，夫折大木，蜚大屋者⑤，唯我能也。”故以众小不胜为大胜也。为大胜者，唯圣人能之。

【注释】

① 夔（kuí）：独脚兽。蚿（xián）：百足虫。② 趻（chěn）踔（chuō）：跳着行走。③ 蓬蓬：风势迅猛的样子。④“然而”二句：言用手指挡风，风不能折断或穿透手指，在手指所在的这个部位内，风被挡住了，手指胜过了风；用脚踏风，也是同样原理。鳍（qiū）：通“蹭”，蹴，脚踏。⑤ 蜚：同“飞”。

三

孔子游于匡①，宋人围之数匝，而弦歌不惙②。子路入见，曰：“何夫子之娱也？”孔子曰：“来！吾语女。我讳穷久矣③，而不免，命也；求通久矣④，而不得，时也。当尧舜之时而天下无穷人，非知得也⑤；当桀纣之时而天下无通人，非知失也；时势适然。夫水行不避蛟龙者，渔父之勇也；陆行不避兕虎者⑥，猎夫之勇也；白刃交于前，视死若生者，烈士之勇也⑦；知穷之有命，知通之有时，临大难而不惧者，圣人之勇也。由，处矣⑧，吾命有所制矣⑨。”无几何，将甲者进，辞曰：“以为阳虎也⑩，故围之。今非也，请辞而退。”

【注释】

① 匡：卫国地名，在今河北长垣西南。② 惙（chuò），

停止。③ 讳：避。穷：这里指他所坚持的大道无从施行。④ 通：通达。这里指其所坚持的大道能顺利施行。⑤ 知：同“智”。⑥ 兕（sì）：雌犀牛。⑦ 烈士：泛指有志功业或重义轻生的人。⑧ 处：安息，此处有放心的意思。⑨ 命有所制：谓受制于天，由天支配。⑩ 阳虎：鲁国季氏家臣，篡夺鲁国政权，专政三年，曾举兵侵略匡地，匡人十分恨他。阳虎的面貌很像孔子，所以孔子路过匡地，受到误会。

四

公孙龙问于魏牟曰：“龙少学先王之道，长而明仁义之行；合同异①，离坚白②；然不然，可不可；困百家之知③，穷众口之辩；吾自以为至达已。今吾闻庄子之言，汒然异之④。不知论之不及与？知之弗若与？今吾无所开吾喙⑤，敢问其方。”

【注释】

① 合同异：战国惠施学派的基本观点，强调事物之间的同一性，否认“同”和“异”概念的确定性。② 离坚白：先秦名家的基本观点，认为一块白色石头，其坚性、白色和石质三者各自分离，不可同时被感知。③ 困：使动词，使……感到困窘，可解释为难倒。百家：春秋战国时各学派。知：同“智”。④ 汒然：同“茫然”。⑤ 喙（huì）：嘴。

公子牟隐机大息①，仰天而笑曰：“子独不闻夫埳井之蛙乎②？谓东海之鳖曰：‘吾乐与，出跳梁乎井干之上，入休乎缺甃之崖③；赴水则接腋持颐，蹶泥则没足灭

跗④；还虷蟹与科斗⑤，莫吾能若也。且夫擅一壑之水，而跨跱埳井之乐，此亦至矣。夫子奚不时来入观乎？’东海之鳖左足未入，而右膝已絷矣。于是逡巡而却⑥，告之海曰：‘夫千里之远，不足以举其大；千仞之高，不足以极其深。禹之时，十年九潦，而水弗为加益；汤之时，八年七旱，而崖不为加损⑦。夫不为顷久推移⑧，不以多少进退者，此亦东海之大乐也。’于是埳井之蛙闻之，适适然惊⑨，规规然自失也⑩。

【注释】

① 大：通“太”。太息，长叹。② 埳（kǎn）井：浅井。③ 甃（zhòu）：砌井壁用的砖。崖：边。④ 跗（fū）：脚背。⑤ 还：回顾。虷（hán）：井中赤虫。⑥ 逡巡：迟疑徘徊的样子。⑦“而崖”句：而对海岸并未造成损失。意谓海岸并未因此而浅露，也即水位并未下降。崖：岸。⑧ 顷：时间短暂。⑨ 适（tì）适然：惊恐的样子。⑩ 规规然：局促的样子。

“且夫知不知是非之竟①，而犹欲观于庄子之言，是犹使蚊负山、商蚷驰河也②，必不胜任矣。且夫知不知论极妙之言③，而自适一时之利者④，是非埳井之蛙与？且彼方跐黄泉而登大皇⑤，无南无北，奭然四解⑥，沦于不测；无东无西，始于玄冥，友于大通。子乃规规然而求之以察，索之以辩⑦，是直用管窥天，用锥指地也，不亦小乎？子往矣！且子独不闻夫寿陵余子之学行于邯郸与⑧？未得国能⑨，又失其故行矣，直匍匐而归耳。今子不去，将忘子之故，失子之业。”公孙龙口呿而不合⑩，舌举而不下，乃逸而走。

【注释】

① 知不知：前一知同“智”。② 商蚷：马蚿虫，只能在陆地行走。③ 极妙之言：指庄子的言论。④ 适：往，追求。⑤ 跐（cǐ）：踩。黄泉：地下的泉水。大皇：即太皇，指天。⑥ 奭（shì）然：释然，没有拘束的样子。四解：四面通达。⑦ 辩：通“辨”。⑧ 寿陵余子：寿陵，邑名。余子，少年。⑨ 国：国都，指赵国都邯郸。⑩ 呿（qù）：张开。

五

庄子钓于濮水[①]。楚王使大夫二人往先焉[②]，曰：“愿以境内累矣[③]！”庄子持竿不顾，曰：“吾闻楚有神龟，死已三千岁矣。王巾笥而藏之庙堂之上[④]。此龟者，宁其死为留骨而贵乎？宁其生而曳尾于涂中乎？”二大夫曰：“宁生而曳尾涂中。”庄子曰：“往矣！吾将曳尾于涂中。”

【注释】

① 濮水：在河南濮阳南面。② 楚王：楚威王。先：司马彪注：“先，谓宣其言也。”③“愿以”句：这是楚王要请庄周去担任执政大臣的委婉说法。④ 巾：布巾。笥（sì）：竹箱。此处作动词，谓用布包起来，装进竹箱。庙堂：古代帝王祭祀、议事之处。

惠子相梁[①]，庄子往见之。或谓惠子曰：“庄子来，欲代子相。”于是惠子恐，搜于国中三日三夜。庄子往见之，曰：“南方有鸟，其名为鹓鶵[2]，子知之乎？夫鹓鶵，发于南海而飞于北海，非梧桐不止，非练实不食，非醴泉不饮[3]。于是鸱得腐鼠，鹓鶵过之，仰而视之曰：‘吓[4]！’今子欲以子之梁国而吓我邪？”

庄子与惠子游于濠梁之上[5]。庄子曰：“儵鱼出游从容[6]，是鱼之乐也。”惠子曰：“子非鱼，安知鱼之乐？”庄子曰：“子非我，安知我不知鱼之乐？”惠子曰：“我非子，固不知子矣；子固非鱼也，子之不知鱼之乐，全矣。”庄子曰：“请循其本。子曰‘汝安知鱼乐’云者[7]，既已知吾知之而问我，我知之濠上也。”

【注释】

① 惠子：惠施，曾为梁惠王相。② 鹓(yuān)鶵(chú)：凤凰一类的鸟。③ 醴泉：醴，甜酒，形容泉水的甘美。④ 吓：象声词，表示驱赶威吓。下句“吓”，动词，威吓。⑤ 濠梁：濠，水名，在今安徽凤阳北。梁，桥。⑥ 儵(tiáo)鱼：俗称苍条鱼。⑦“子曰”三句：惠施问庄子：“你哪儿知道鱼的快乐呢？”这是反诘问句，意谓庄子不知道鱼的快乐。庄子玩弄诡辩手法，把这个问题偷换为：“你哪儿知道鱼的快乐？”意谓问在什么地方知道鱼的快乐。因此庄子回答：“我是在濠梁上知道的。”

【翻译】

一

秋季的潮汛来了，无数支流都灌注入黄河。水流的浩大使黄河两岸及洲渚四边这些所在，望过去连牛马也不能分辨。于是河伯为自己欣喜，认为普天下的美都集于他一身。他顺着水流向东走，到了北海，朝东面望去，看不到海水的边。在这种情况下，河伯才改变了自己原先欣喜自得的神态，仰望着海神感叹地说："俗语有这样的话：'听到的道理多了，就以为没有人比得上自己。'这就是说我啊。我曾听说竟有小看孔子学识和轻视伯夷义行的人，开始我还不相信；现在我看到了你的难以穷尽，我要是不到你这里来，那就很危险了，我将长久地被懂得大道的人所笑了。"

北海神说："对井底之蛙不能谈论大海，因为它受住处的限制；对夏天的虫子不能谈论冰，因为它受生长时间的限制；对孤陋寡闻的人不能谈论大道，因为他受教养的束缚。现在你从河岸出来，看到了大海，于是知道了你的浅陋可羞，那就可以和你谈论大道了。天下的水，没有大过海的，所有的河流都归向这里，不知什么时候才会停息，而海永不满盈；尾闾将海水排出，不知什么时候才休止，而海永不枯竭；无论春天还是秋天，大海都不会起变化，无论水涝还是干旱，大海都没有什么感觉。其容量超过江河之水，无从计数。但我却从来没有因此自满，因为我认识到自己寄形于天地之间，从阴阳变化中禀承了生气，我在天地之间，就跟小石块、小树木在大山里一样，我只想到自己太渺小了，又拿什么来自满？算起来四海之在于天地间，不就像小蚁穴之在于大湖泽中吗？算起来中国之在海内，不就像一颗稗籽之在于大谷仓中吗？事物名称的数目要以万计，人仅是其中的一种；人类遍及九州中一切谷物生长之处、舟车通行之地，而个人又只是人类中的一分子。

个人与万物相比,不就像马身上的一根毫毛吗?五帝所禅让的,三王所争夺的,仁人所忧虑的,任士所操劳的,也都是这样的一根毫毛啊!伯夷以辞让毫毛去求取名声,孔子以谈论毫毛来显示渊博。他们的这种自以为了不起,不就跟你刚才用水多来自夸是一样的吗?"

河伯说:"那么我把天地看作大,把毫毛尖看作小,可以吗?"北海神说:"不行。那些事物,其量度是没有穷尽的,时间是没有止境的,名分的差别不是永恒的,始终的界线不是固定的。由于这个缘故,大智慧的人远近都观照到,所以小的东西不觉小,大的东西不觉大,他知道事物的度量是没有穷尽的;他将古今贯通起来证验和理解,所以对于遥远的事并不觉得昏暗不明,对于眼前的事却也并不去企求,他知道时间的进程是没有止期的;他对盈、虚两方面都审察到,所以得到时并不感到欣喜,失去时也不感到忧伤,他知道得失的差别不是永恒的;他对万物演变的全过程加以探明,所以对生不感到欢悦,死了也不认为是祸患,他知道终始的界线是不能固定的。算起来,一个人所知道的事情总没有他不知道的事情多,其生存的时间远不如其出生以前宇宙所已经历的时间长;拿自己极其渺小的生命和知识力求穷尽广大无际的领域,因此就迷乱而毫无所得。由此看来,又凭什么知道毫毛尖能够被确定为最小的限度!又凭什么知道天地能够穷尽最大的范围!"

河伯说:"世上的论者都说:'最精妙的东西没有形体,最大的东西没有外围。'这是实情吗?"北海神说:"从小的角度去看大的事物,总看不到全貌,从大的角度去看小的事物,总看不分明。所以这种由差别而引起的变化,是势所必然的。精，是小中之小；埒，是大中之大。所谓的精细和粗大，仅限于有形的物体；没有形体的事物是在数量上已不能再分了；大到没有外围的事物，是在数量上已不能穷尽了。可以用语言来论述的，是事物中的粗大者，可以用心意感觉到的，是事物中的精细者。语言所不能论述、意识所不能感觉到的，那就既不受精的限制，也不受粗的限制。”

河伯说：“那么，在事物的外部，或在事物的内部，到了怎样的程度就成为贵贱的开始？到了怎样的程度就成为大小的开端？”北海神说：“从道的角度看，事物没有贵贱之分；从事物本身的角度看，万物都自认为尊贵而互相轻贱；从世俗的角度看，贵贱都不是由自己决定的。从事物的差别看，从它大的一面说就是大的，那么万物就没有不是大的；从它小的一面说就是小的，那么万物就没有不是小的；假如懂得天地就像稊米那么小，毫毛就像山丘那么大，那么万物差别的情势就可以看清楚了。从事物的功用看，从它有用的一面说就是有用，那么万物就都有用；从它没有用的一面说就是无用，那么万物就都无用；假如知道东西两方相反而不能缺少任何一方，那么事物功用的分限就可以确定了。从事物的趋向看，从它所认为对的一面说就是对的，那么万物就没有不对的；从它所认为不对的一面说就是不对的，那么万物就都是不对的；假如知道尧、桀都自认为正确而互相非难，那么万物取舍的不同就可以看清楚了。

“从前尧、舜通过禅让而使帝位传下去，子之和燕王哙却因为禅让而绝灭；商汤和周武王通过争夺而为王，白公胜却因争夺而毁灭。由此看来，争夺和禅让的制度、唐尧和夏桀的行为，其贵贱都有时间性，不可看作是永恒的。屋栋可用来撞毁城墙，却不能用来堵塞小洞，这是说器材有别；骐骥骅骝一日而奔驰千里，捉老鼠却不如野猫和黄鼠狼，这是说技能各有不同；猫头鹰在夜里能抓跳蚤，看得清毫毛般的小东西，但白天出来却张大眼睛而看不见山丘，这是说性能有别。所以说'效法正确的就不至于有错误，效法那治理好天下的就不会有祸乱了吧'那样的话，乃是不明白天地道理和万物实情的说法。这就像师法天而不准地存在，师法阴而不准阳存在一样，其行不通是很明显的。但却还是把它不停地说，这不是愚昧无知就是故意骗人。帝王传位的方式各不相同，三代继位的方法也有不同。跟其时代不合、与世俗相违逆的，被称为篡夺之人；与其时代相配、顺应其世俗的，被称为仁义的人。别作声吧河伯！你哪里知道贵与贱的界限、小与大的范围啊！"

河伯说："那么我做什么，不做什么呢？在对事物的拒绝、接受，取用、放弃方面，我究竟应该怎么办呢？"北海神说："从道的角度看，这个贵那个贱，这是反复循环的，不要拘束你的意志，以致与大道相牴牾。这个多那个少，这是更代变移的；不要偏一而行，以致与大道相不合。你应该俨俨然像一个国家的君主那样，没有偏私的恩德；悠悠然像祭祀时的社神那样，没有偏私的福惠；泛泛然像四方那样无穷无尽，没有什么固定的界限。要是对万物都一样地爱护，那还有谁要承受庇护呢？这就叫作没有偏向。认识到万物都是一样的，那还有谁短谁长呢？大道没有开始也没有终结，万物却有生死的变化，它已成的形体是不足凭依的。万物的变化一时虚一时满，没有固定不变的形态。年岁，不能使它加速流驶；时光，不能使它停止不动，事物的消亡和生息、盈满和虚亏，是终而复始的循环。所有这些，都是用来说明大道的原则，论述万物的道理的。事物的生长，就像马的驰骤，一举一动都在变化之中，无时无刻不在移动。做什么呢？不做什么呢？事物本来就将自行变化。”

河伯说：“那么道又有什么可贵的呢？”北海神说：“认识道的人必定通达事理，通达事理的人必定通晓一时一事的处理，通晓一时一事的处理的人不以外物来伤害自己。具备最高道德修养的人，火不能使他感到热，水不能使他沉溺，严寒酷暑不能伤害他，禽兽不能侵犯他。不是说他触犯了这些东西不受伤害，而是说他能明察安危，在祸福到来时心头宁静，进退都小心谨慎，因此没有什么能够伤害他。所以说：‘天性蕴藏在内心，人事显露在外表，道德体现在天性上。’了解自然和人事的运动变化，以自然为根本，处于自得的境地，这样就无论进退屈伸，都返归大道的根本而说得上是理的极致。”

河伯问：“什么叫做天？什么叫做人？”北海神说：“牛马有四只脚，这叫做天；用笼头套住马头，用绳子穿过牛鼻，这就叫做人。所以说：不要用人去破坏天，不要用巧伪去破坏事物的必然性，不要因为贪得而牺牲生命去求名。牢牢把握住这些道理，不要背离，这就叫做返归自然本性。”

二

夔爱蚿，蚿爱蛇，蛇爱风，风爱目，目爱心。夔对蚿说：

“我用一只脚跳着走，我已经受不了啦。现在你要使用一万只脚行走，那可怎么办啊？”蚿说：“不是这样的。你没见过喷吐唾液的人吗？喷出来的唾沫大的像珠子，小的像细雾，大小混杂着落下来数也数不清。现在我的行动是出于我天然的机能，自己也不知道何以如此。”蚿对蛇说：“我用很多脚行走，却还不如你的没有脚，为什么呢？”蛇说：“那是天然机能所起的作用，怎么能改变呢？我哪里要用脚啊！”蛇对风说：“我靠运动背脊和肋骨行走，跟用脚还有点相似。现在你蓬蓬地从北海升起，蓬蓬地进入南海，跟脚相似之处一点都没有，为什么呢？”风说：“是这样的，我蓬蓬地从北海升起，进入南海，然而人们用手指指我就能胜我，用脚踩我也能胜我。虽然如此，折断大树，掀起大屋，只有我才能做到。所以我是以许多小的失败来变成大的胜利。取得大的胜利，只有圣人才能做到。”

三

孔子在匡邑游历，宋人把他围了好几圈，然而孔子还是弹琴唱歌，并不停息。子路进见，说：“为什么先生这样高兴呢？”孔子说：“来，我告诉你。我想避免穷困的境地已经很久了，却还是避免不了，这是天命啊！我寻求通达已经很久了，却还是得不到，这是时机啊！在尧、舜那个时代，天下没有穷困的人，这不是他们的智慧对头；在桀、纣那个时代，天下没有通达的人，这也不是他们的智慧不行，这是时势形成的。在水中行走不躲避蛟龙的，是渔父的勇敢；在陆地上行走不躲避兕虎的，是猎人的勇敢；白晃晃的刀子交叉地横在前面，把死看得和活一样的，是烈士的勇敢；知道穷困是由于命运，知道通达有待于时机，面临大难而无所畏惧的，是圣人的勇敢。由，你定安下来吧！我的命运是由天支配的！”没有多久，一个带兵的将官进来，道歉说：“我们以为你是阳虎，所以包围了你，现在才知道你不是的，让我们向你道歉后退回去。”

四

公孙龙问魏牟说：“我年轻时学习先王的道理，长大了懂得仁义的行为；能够把同和异合而为一，把坚硬和白色分离开来，把不对的说成对的，把不可以的说成可以的；难倒百家的才智，折服众人的辩论，我自以为最通达事理了。现在我听到庄子的言论，感到惊奇茫然。不知是我论辩的能力不及他呢，还是知识不及他？现在我简直无法开口，请问这是什么道理？”

公子牟靠着几长叹一声，仰面朝天笑着说：“你难道没有听说过那浅井里的青蛙吗？它对东海的鳖说：‘我真快乐啊，出来在井栏上跳跳蹦蹦，回去在井壁断砖边上休息。游在水里，我的两腋与水相接而把两腮托起，踩在泥浆中则陷没了四足也看不到脚背。回头看看虷、蟹和蝌蚪，全都不能像我这样。况且占有一坑水而盘居在浅井里的这种快乐，本来也已经是快乐的顶峰了。先生为什么不时常进来看看呢？’东海的大鳖左脚还没有进去，右膝已被绊住了。于是他艰难缓慢地退了出去，把大海的情况告诉井蛙，说：‘千里那样遥远，还不足以用来形容它的大；千仞那种高度，还不足以用来完全说明它的深。大禹的时代，十年中有九年水灾，海水并没有因此增多；商汤的时代，八年中有七年旱灾，水位并没有因此下降。既不随着时间的长短有所变化，也不因雨水的多少有所涨落，这也是东海的大快乐啊！’浅井里的青蛙听了这些，露出惊恐的样子，又局促不安地自觉羞愧。

“而且，一个人的智慧还不能了解是非的界限，就想观察庄子的言论，这就好比驱使蚊虫背负大山、让商蚷驰行河中一样，一定是不能够胜任的。而且一个人的智慧还不能谈论极玄妙的话语，却去追求一时口辩的胜利，这不就是浅井里的青蛙吗？况且庄子正下穷黄泉而上登青天，把南北的界限打破；逍遥自在地排除各种障碍，深入到不可测知的境地，东西的区别也在他面前消失；开始于幽深玄远的所在，返回到通畅的大道。你还局促不安地想用你的观察去寻求他，用你的明辨去探索他，这简直是用竹管去窥测天空、用针锥去丈量大地一样，不也太渺小了吗？你走吧！你难道没有听说寿陵的少年到邯郸去学走路的事吗？他没有学到邯郸人行走的技能，却又忘掉了原来行走的方法，只能爬着回去而已。现在你不离开这儿，将忘掉你原有的一切，失去你本来的学业。”公孙龙听了，惊呆得张开嘴合不拢，翘起舌头放不下，逃一样地走掉了。

五

庄子在濮水上钓鱼，楚威王派遣两个大夫去传达他的话，说：“希望以国内的政事来劳累先生。”庄子只管拿着钓竿并不回头，说：“我听说楚国有只神龟，死去已经三千年了。楚王把它用巾帕包起来放进竹箱里，珍藏在庙堂之上。这个龟宁愿死后留下骨头被人珍重呢，还是宁愿活着在泥浆中拖着尾巴爬呢？”两个大夫说：“宁愿活着在泥浆中拖着尾巴爬。”庄子说：“去吧！我将拖着尾巴在泥浆中爬。”

惠施当了梁国的相，庄子前去看他。有人对惠施说：“庄子来，要想取代你的相位。”于是惠施惊恐不安，在国中搜查庄子共三天三夜。庄子去见他，说：“南方有一种鸟，它的名字是鹓鸰，你知道吗？鹓鸰从南海出发，飞往北海，它不是梧桐树不栖息，不是竹实不吃，不是甜美的泉水不饮。这时有个猫头鹰得到了一只腐烂的老鼠，鹓鸰飞过，猫头鹰就仰头看着它，喊道：‘吓！’现在你想用你的梁国来向我喊‘吓’吗？”

庄子和惠施在濠水桥上游逛。庄子说：“儵鱼从容地游出来，这就是鱼的快乐啊！”惠子说：“你不是鱼，你从哪里知道鱼的快乐？”庄子说：“你不是我，怎么知道我不知道鱼的快乐？”惠子说：“我不是你，固然不知道你；但你原就不是鱼，你不知道鱼的快乐，也是全然无疑的了。”庄子说：“请让我们回到开始所说的话。你说‘你从哪里知道鱼的快乐’这句话，是已经知道我知道鱼的快乐而来问我的。现在我来告诉你，我是在濠水之上知道的。”

至　乐

《至乐》篇主要讨论人生的快乐和生死问题。作者认为最大的快乐是顺其自然,保持内心的安宁舒畅。对待生死也应该顺其自然。生死的变化就和春夏秋冬的变化一样,是不可避免的自然规律,而且死可以摆脱人生的忧患,所以人们不必为生而欢欣,为死而伤悲。本篇中庄子与髑髅对话的那一段就很明显地表现了这种思想。髑髅说:“死,无君于上,无臣于下,亦无四时之事,从然以天地为春秋。虽南面王乐,不能过也。”在他看来,要得到真正的快乐,也即真正做到顺应自然,就必须“无君于上,无臣于下”。但这在当时的社会是做不到的。所以他所追求的生前的快乐,就只能偏重于保持内心的安宁舒畅,而不是积极地去创造一个合乎自然的环境,并将死当作了人生的最终解脱和真正的快乐。从这一点说,庄子的哲学是消极的,甚至是有害的。但他在当时就能意识到君臣的关系是不自然的和妨碍人获得真正的快乐的,而且对生死的辩证关系能达到这样的认识,这却是不容易的。

一

天下有至乐无有哉？有可以活身者无有哉？今奚为奚据[①]？奚避奚处？奚就奚去？奚乐奚恶？夫天下之所尊者，富贵寿善也；所乐者，身安厚味美服好色音声也；所下者，贫贱夭恶也；所苦者，身不得安逸，口不得厚味，形不得美服，目不得好色，耳不得音声。若不得者，则大忧以惧，其为形也亦愚哉！

夫富者，苦身疾作，多积财而不得尽用，其为形也亦外矣[②]！夫贵者，夜以继日，思虑善否[③]，其为形也亦疏矣！人之生也，与忧俱生。寿者惛惛[④]，久忧不死，何苦也！其为形也亦远矣！烈士为天下见善矣，未足以活身。吾未知善之诚善邪？诚不善邪？若以为善矣，不足活身；以为不善矣，足以活人。故曰："忠谏不听，蹲循勿争[⑤]。"故夫子胥争之，以残其形；不争，名亦不成。诚有善无有哉？

【注释】

① 据：拒守，引申为抗拒。② 外矣：与下句疏矣、远矣皆有违反常理的意思。③ 善否（pǐ）：指处境的亨通与阻滞。否，阻塞、衰败。④ 惛惛：同"昏昏"，神志不清。⑤ 蹲循：同"逡巡"，迟疑退却的样子。

今俗之所为与其所乐，吾又未知乐之果乐邪，果不乐邪？吾观夫俗之所乐，举群趣者[①]，诬诬然如将不得已[②]，而皆曰乐者，吾未知之乐也，亦未知之不乐也。果有乐无有哉？吾以无为诚乐矣，又俗之所大苦也。

故曰：“至乐无乐，至誉无誉。”

天下是非果未可定也。虽然，无为可以定是非。至乐活身，唯无为几存。请尝试言之：天无为以之清③，地无为以之宁。故两无为相合，万物皆化生。芒乎芴乎④，而无从出乎！芴乎芒乎，而无有象乎！万物职职，皆从无为殖。故曰：“天地无为也而无不为也。”人也孰能得无为哉！

【注释】

① 趣：同“趋”，奔向。② 铿铿（kēng）：竞相奔走的样子。③“天无”二句：语出《老子》“天得一以清，地得一以宁”。“一”即没有矛盾斗争的无为之道。④ 芒（huǎng）乎芴（hū）乎：芒芴，同“恍惚”，形容原始的混沌状态。

二

庄子妻死，惠子吊之，庄子则方箕踞鼓盆而歌①。惠子曰：“与人居②，长子，老，身死，不哭亦足矣，又鼓盆而歌，不亦甚乎！”庄子曰：“不然。是其始死也③，我独何能无概④！然察其始而本无生⑤；非徒无生也，而本无形；非徒无形也，而本无气⑥。杂乎芒芴之间，变而有气，气变而有形，形变而有生，今又变而之死，是相与为春秋冬夏四时行也⑦。人且偃然寝于巨室⑧，而我噭噭然随而哭之⑨，自以为不通乎命，故止也。”

【注释】

① 方：正在。箕（jī）踞：古人席地而坐，坐时两腿岔

开，像个簸箕，是不拘礼节的坐法。鼓：敲打。② 人：指庄子妻。长子：长作动词，作抚育讲。③ 是：指示代词，指庄子妻。④ 概：借为“嘅”，感叹。⑤ 其始：指未有生命的时候。⑥ 气：我国古代认为人的形体是由气驱使、支配的。⑦ 是：此，指庄子妻的生死变化。⑧ 偃然：即晏然，安息。巨室：巨大的房屋，借喻天地之间。⑨ 噭（jiào）噭：叫哭声。

支离叔与滑介叔观于冥伯之丘①，昆仑之虚②，黄帝之所休。俄而柳生其左肘③，其意蹶蹶然恶之④。支离叔曰：“子恶之乎？”滑介叔曰：“亡⑤，予何恶！生者⑥，假借也。假之而生生者⑦，尘垢也。死生为昼夜。且吾与子观化而化及我，我又何恶焉！”

【注释】

① 支离叔、滑介叔：虚构的人名。支离寓忘形之意，滑介寓忘智之意。冥伯：虚构的丘名，意喻杳冥恍惚。② 虚：通“墟”，山下之地称墟。③ 柳：假借为“瘤”。其：指滑介叔。④“其意”句：此句是写滑介叔刚发现瘤时的情况，他以后对支离叔所作的回答，则是经过考虑后所获得的新认识，故二者不同。蹶（guì）蹶然：惊动的样子。⑤ 亡：同“无”。⑥“生者”二句：这二句是基于庄子对生死问题的根本看法。他认为人的形体是由别的事物变化而来，经过一段时期又变化为别的事物而去，因而这形体好像是从别处借来的，死亡则相当于把借来的形体还掉，所以说“生者，假借也”。⑦ 生生：上一“生”为动词，下一“生”为名词。

三

庄子之楚，见空髑髅①，髐然有形②。撽以马捶③，因而问之，曰："夫子贪生失理而为此乎？将子有亡国之事、斧钺之诛而为此乎？将子有不善之行，愧遗父母妻子之丑而为此乎？将子有冻馁之患而为此乎？将子之春秋故及此乎④？"于是语卒，援髑髅，枕而卧。

【注释】

① 髑(dú)髅：即骷髅，死人的头骨。② 髐(xiāo)然：空而枯的样子。③ 撽(qiào)：敲击。捶：通"箠"，鞭子。④ 春秋：年纪。古时以春秋代表一年，引申为年纪。

夜半，髑髅见梦曰①："向子之谈者似辩士，视子所言，皆生人之累也，死则无此矣。子欲闻死之说乎②？"庄子曰："然。"髑髅曰："死，无君于上，无臣于下，亦无四时之事，从然以天地为春秋③。虽南面王乐④，不能过也。"庄子不信，曰："吾使司命复生子形，为子骨肉肌肤，反子父母⑤、妻子、闾里知识⑥，子欲之乎？"髑髅深矉蹙頞曰⑦："吾安能弃南面王乐而复为人间之劳乎？"

【注释】

① 见：同"现"。② 说：通"悦"。③ 从然：即"纵然"，放纵自由的样子。以：与。以天地为春秋：即与天地共有春秋之意。④ 南面王：指君王，因我国古代君王的坐位朝南。

⑤ 反：同“返”。⑥ 知识：指熟悉的朋友。⑦ 深矉(pín)蹙频：深深地皱着眉头，表示忧愁的样子。矉：通“颦”，皱眉。蹙频也即皱眉之意。频：鼻梁。

四

颜渊东之齐，孔子有忧色，子贡下席而问曰：“小子敢问，回东之齐，夫子有忧色，何邪？”孔子曰：“善哉汝问！昔者管子有言，丘甚善之，曰：‘褚小者不可以怀大[①]，绠短者不可以汲深[②]。’夫若是者，以为命有所成而形有所适也[③]，夫不可损益。吾恐回与齐侯言尧舜黄帝之道，而重以燧人神农之言。彼将内求于己而不得，不得则惑，人惑则死。

【注释】

① 褚(zhǔ)：布袋。② 绠(gěng)：吊水用的绳子。③“以为”句：言人禀于天命，愚智各有所定，形体各有它适宜之处。成：定。

“且女独不闻邪？昔者海鸟止于鲁郊，鲁侯御而觞之于庙[①]，奏《九韶》以为乐[②]，具太牢以为膳[③]。鸟乃眩视忧悲，不敢食一脔[④]，不敢饮一杯，三日而死。此以己养养鸟也，非以鸟养养鸟也。夫以鸟养养鸟者，宜栖之深林，游之坛陆，浮之江湖，食之鳅鲦[⑤]，随行列而止，委蛇而处[⑥]。彼唯人言之恶闻，奚以夫譊譊为乎[⑦]！《咸池》《九韶》之乐[⑧]，张之洞庭之野[⑨]，鸟闻之而飞，兽闻之而走，鱼闻之而下入，人卒闻之[⑩]，相与还而观之[11]。鱼处水而生，人处水而死。彼必相与异，其好恶故异也。故先圣不一其能，不同其事，名止于实，义设于适，是之谓条达而福持[12]。”

【注释】

① 御(yà)：同“迓”，迎。觞(shāng)：本指酒器，此处作动词，宴饮的意思。②《九韶》：舜时乐曲名，演奏于隆重场合。③ 太牢：牛、羊、猪三者具备的祭祀规格。④ 脔(luán)：切成小块的肉。⑤ 鲦(tiáo)：苍条鱼。⑥ 委蛇：即“逶迤”，舒展自如。⑦ 譊(náo)譊：喧杂的声音。⑧《咸池》：黄帝时乐曲。⑨ 洞庭：广庭。唐成玄英《疏》：“洞庭之野，天地之间，非太湖之洞庭也。”⑩ 人卒：众人。⑪ 还：通“环”，围绕。⑫ 条达：枝条畅达。树的枝条茂盛舒展，意味着各枝条都能不受束缚，生气蓬勃。此处的“条达”，即比喻各适其性，生机盎然。

五

列子行，食于道从①，见百岁髑髅，攓蓬而指之曰②：“唯予与汝知而未尝死③，未尝生也。若果养乎④？予果欢乎？”

【注释】

① 道从：道傍。② 攓(jiàn)：拔。③ 而：你。④ 养：通“恙”，忧。

六

种有几①，得水则为𧂇②，得水土之际则为蛙蠙之衣③，生于陵屯则为陵舄④，陵舄得郁栖则为乌足⑤，乌足之根为蛴螬⑥，其叶为胡蝶。胡蝶胥也化而为虫，生于灶下，其状若脱⑦，其名为鸲掇⑧。鸲掇千日为鸟，其名为干余骨⑨。干余骨之沫为斯弥⑩，斯弥为食醯⑪。颐辂生乎食醯，黄軦生乎九猷⑫，瞀芮生乎腐蠸⑬，羊奚比乎不箰⑭，久竹生青宁⑮，青宁生程⑯，程生马，马生人，人又反入于机⑰。万物皆出于机，皆入于机。

【注释】

① 几：一种极其微小的种子，为庄子虚构。② 𧂇：同"继"，水中连绵不断的游丝。③ 蛙蠙之衣：青苔，俗称蛤蟆衣。④ 陵舄(xì)：车前草。⑤ 乌足：草名。⑥ 蛴螬：金龟子幼虫，俗称地蚕、土蚕。⑦ 脱：同"蜕"。⑧ 鸲(qú)掇：虫名。⑨ 干余骨：鸟虫。⑩ 斯弥：虫名。⑪ 食醯(xī)：酒里的蠛蠓。⑫ 颐辂、黄軦、九猷：皆虫名。⑬ 瞀(mào)芮(ruì)：小蚊虫。腐蠸(quán)：萤火虫。⑭ 羊奚：草名。不箰(sǔn)：不长笋的竹。⑮ 青宁：虫名。⑯ 程：秦人称豹为程。古时把虎豹都叫做虫，所以程也可作虫解。⑰ 机：通"几"。以下两句中的"机"字也通作"几"。

【翻译】

一

天下有极端的快乐没有呢？有养身之道没有呢？现

在应该做些什么，不做什么呢？应该回避什么、安于什么呢？应该寻求什么、舍弃什么呢？应该喜欢什么、厌恶什么呢？天下所尊崇的是富足、高贵、长寿、善名；所喜欢的是身体安逸，饮食丰盛，服饰华美，颜色姣好，乐声悦耳；所鄙视的是贫困、卑贱、短寿、恶名；所苦恼的是身体得不到安逸，嘴巴吃不到美味，身体穿不上华丽的服饰，眼睛看不见姣好的颜色，耳朵听不到悦耳的音乐。如果得不到这些，人们就会大为忧虑恐惧。从这样的角度对待形体，也太愚蠢了！

富人劳苦自己的身体，拼命苦干，大量积储钱财却用不完，这样对待形体也已脱离养生之道了！贵人夜以继日地思虑处境的亨通与阻滞，这样对待形体也太疏忽养生之道了。人一生下来，就伴随着忧患。长寿的人已经神智昏迷，还一直为逃避死亡而忧心忡忡，这是多么地痛苦！这样对待形体离养生之道也太远了！烈士被天下的人称善，却不能保全自己的生命。我不知道这样的善是真的善呢，还是真的不善呢？假如认为是善，却不能保全自身；假如认为是不善，却能救活别人。俗话说："忠谏而君主不接受，就退却不要强争。"所以子胥在诤谏不听后还要强争，就因此而残害了身体；但他如果不强争，就不会成名。这样看来，果真有善没有呢？

对于现在世俗所做和所感到欢乐的事，我又不知道这样的欢乐是真的欢乐呢，还是真的不欢乐呢？我看到世俗所认为欢乐的，都成群结队趋之若鹜，竞相奔走似乎欲罢不能，而嘴上都高叫快乐。我并不知道那是快乐，也并不知道那是不快乐。那到底有快乐没有呢？我认为无为才是真正的快乐，但又是被世俗认为极大的痛苦的。所以说："极端的快乐是无所谓快乐，最高的荣誉是无所谓荣誉。"

天下的是非确实是不能确定的。虽然这样，无为的是非却可以确定。极端的快乐可以养身，只有无为或许可以保全至乐养身之道。请允许我试着论述这个道理：天因无为而清静，地因无为而安宁。天地两方面的无为相结合，万物便能够化育生长。恍恍惚惚，万物似乎无从生出来啊！惚惚恍恍，似乎没有一点生出来的迹象啊！而复杂繁多的万物，其实都是从无为中繁殖起来的。所以说："天地无所作为而又无所不为。"人们啊，谁能得到这种"无为"之道呢！

二

庄子的妻子死了，惠施前去吊唁，看到庄子正伸开两腿，像簸箕一样坐着，敲着瓦盆唱歌。惠子说："你与妻子住在一起，她为你养大子女，现在她年老身亡，你不哭也就够了，还敲着盆子唱歌，不是太过分了吗？"庄子说："不是这样。她刚死的时候，我怎么能不伤感呢？但是推究起来，她起初是没有生命的；不仅没有生命，而且本来就是没有形体；不仅没有形体，而且本来就没有支持其形体的气。她混杂在原始的混沌状态间，经过变化才有了气，气再经过变化才有了形体，形体再经过变化才有了生命，现在又变化而走向死亡，这就像春秋夏冬四季的相代运行一样。人家安安静静地寝息在天地之间，而我还在那儿呜呜咽咽地跟着啼哭，我自己认为这样是不通达天命，所以停止了哭泣。”

支离叔和滑介叔在冥伯的山丘、昆仑的山脚下游览，那儿是黄帝曾经休息过的地方。一会儿滑介叔左臂上生了个瘤，他心里好像有点惊惧，对瘤感到厌恶。支离叔说：“你厌恶它吗？”滑介叔说：“不，我为什么要厌恶它！人的生存不过是暂时的假借，假借来了以后又不断生出新的生命，则像尘垢那样微不足道。死与生像昼夜一般交替运转。而且我和你观照万物的生化，而生化轮到了我，我又为什么要厌恶它呢！”

三

庄子到楚国去，路上看见一个空的骷髅，虽然干枯但还保持着活人头颅的形状。庄子用马鞭敲着它，因而问道：“先生是贪恋生存、违背道理而变成这样的吗？还是你遇到国家败亡的变故，遭到刀斧的杀戮而变成这样的呢？还是你有不良的行为，耻于给父母和妻儿带来羞辱而变成这样的呢？还是你遭受寒冷饥饿的患害而变成这样的呢？还是你年寿已尽而变成这样的呢？”这时他说完了话，就拉过骷髅，枕着睡觉。

半夜里，骷髅出现在梦中，说：“方才你说的话像个辩士，看你所说的都是活人的重累，死了就没有这些了。你要听听死的快乐吗？”庄子说：“好吧。”骷髅说：“死了，就没有君主在上面，没有臣子在下面，也没有四季变化的事，从容自在与天地共长久，即使是南面王的快乐，也不能超过这个了。”庄子不相信，说：“我让司命之神使你的形体复生，重造你的骨肉肌肤，把你送回父母、妻子、故乡的熟人那里，你愿意吗？”骷髅深深地皱着眉头说：“我怎能放弃南面王的快乐，再去经受人间的劳苦呢！”

四

颜渊向东到齐国去，孔子面露忧色。子贡离开坐位问道：“学生请问：颜回朝东到齐国去，先生面带忧色，为什么呢？”孔子说：“你问得好啊。往日管子有这样的话，我很赞同，他说：‘布袋小的不可用来装大东西，绳子短的不可用来汲井里的深水。’他之这样说，是认为人的命都有所限定，而形体各有它适宜的地方，不可随意增加或减少。我担心颜回去向齐侯谈论尧、舜、黄帝的主张，再加上燧人氏、神农氏的言论。齐侯将会从自己内心来寻求可与这些道理相印证的东西而找不到，找不到就会迷惑，人迷惑了就要活不成。

“你难道没有听说过吗？从前有海鸟停在鲁国的郊外，鲁侯便去迎接它，在太庙设酒款待它。演奏《九韶》以供娱乐，用牛、羊、猪作为它的食品。海鸟于是被弄得眼花缭乱，悲忧交集，不敢吃一块肉，不敢喝一杯酒，经过三天就死了。这是以对自己的供养来养鸟，而不是以对鸟的养育来养鸟。以对鸟的养育去养鸟，就应该让它在深林中栖息，在沙滩上漫游，在江湖中漂浮，用泥鳅小鱼给它吃，让它随着鸟群的队伍飞行止息，从从容容地生活。鸟就是怕听到人的声音，为什么还要如此喧闹嘈杂呢！《咸池》《九韶》那种乐曲，假如在辽阔的旷野中演奏，鸟听了会飞走，野兽听了会跑开，鱼听了会潜入水中，人们听到了，却会互相围绕成一圈共同观赏。鱼在水中就能活，人在水中就要死。人和鱼必然相互不同，所以他们的好恶也就不同了。因此古昔的圣哲不把人的才能看作是一样的，不要求人们做相同的事情。使名与实相符，对义的规定适合人的性情，这就叫枝条畅达而福祉常在。”

五

列子在外行游，在道旁进食，见到一个百年的骷髅，他拔去蓬草而指着它说：“只有我和你才知道你不曾死、也从不曾活过！你真的忧愁吗？我真的欢乐吗？”

六

种子里有一种叫作几的，得到水变为牵连不断的游丝，在水土交接的地方变为青苔，生在土堆上变为车前草，车前草得到粪土变为乌足草，乌足草的根变成土蚕，它的叶子变为蝴蝶。蝴蝶过不久化为虫，生在灶底下，形状好像蝉脱了壳一样，它的名字叫鸲掇。鸲掇过一千天变为鸟，它的名字叫干余骨。干余骨的唾沫变为斯弥，斯弥又变为蠛蠓。颐辂从蠛蠓中生出来，黄軦从九猷虫中生出来，瞀芮从萤火虫中生出来。羊奚连结在不生笋的竹子上，陈腐的竹子生出青宁虫，青宁虫生出赤虫，赤虫生出马，马生出人，人又复归而为几。万物都从几中产生，又回归于几。

天　下

本篇从道家的立场出发，对先秦的不少学派进行分析评论，是我国最早的一篇学术思想述评。它一开始指出道术与方术的区别，认为道术是探讨宇宙、人生本原的学问，是完美纯正的，并体现在各个方面；而方术只是关于某一局部方面的特定学问，后世学者各执己见，把自己的方术标榜为学术的顶峰，把道术弄得支离破碎。接着它具体论述了各家的学说，包括墨翟、宋钘、尹文、田骈、慎到、关尹、老聃、庄周、惠施、公孙龙等等。它对各家的评价虽有不少未必恰当之处，但保存了许多可贵的资料，尤其是惠施的思想，他的著作已全部佚失，现在只能通过本篇的评述得知大概情况。至于论述庄周的部分，突出他“独与天地相往来”的精神，描绘他芒忽恣纵的心态、奔放不羁的性格和汪洋恣肆的文章风格，的确是很能显示庄子的特色的。

一

天下之治方术者多矣①，皆以其有为不可加矣②！

古之所谓道术者，果恶乎在？曰：“无乎不在。”曰：“神何由降③？明何由出？”“圣有所生，王有所成，皆原于一。”

【注释】

① 方术：本篇将方术作为与道术相对的学问。道术是研究宇宙人生本原的学问，是普遍适用、包罗万象的，方术则只适用于某一局部方面。② 其有：谓所学，研究所得。③“神何”五句：意谓神由天降，体现为圣；明由人出，体现为王，归根结底皆来自道。神：神智。明：慧。神是指其存在于内心的智，明是指其将智普照万物而体现出来的慧。一：道。

不离于宗①，谓之天人；不离于精，谓之神人；不离于真，谓之至人。以天为宗，以德为本，以道为门，兆于变化，谓之圣人。以仁为恩②，以义为理，以礼为行，以乐为和，熏然慈仁，谓之君子。以法为分③，以名为表，以参为验，以稽为决，其数一二三四是也，百官以此相齿。以事为常④，以衣食为主，以蕃息畜藏为意⑤，老弱孤寡皆有以养，民之理也。

【注释】

①“不离”六句：宗、精、真都是上文所说“一”，即道。宗，从道主宰万物方面说；精，从道纯粹不杂方面说；真，从道朴实不伪方面说。所以天人、神人、至人是同一等人。②“以仁”六句：反映了儒家的思想。熏然，温和慈爱的样

子。③“以法”六句：反映了法家思想。分：名分，职守。表：标准。以名为表，百官以名号作为行事的标准，使名实相符。参：借为“三”，作多解。以参为验，言百官治事，多取证据为验证。④ 事：此处指农工商等各种重要事务。⑤ 蕃息：繁殖生息。畜：通“蓄”，储蓄。为意：所关心的事。

古之人其备乎！配神明，醇天地①，育万物，和天下，泽及百姓，明于本数②，系于末度③，六通四辟④，小大精粗，其运无乎不在。其明而在数度者⑤，旧法、世传之史尚多有之；其在于《诗》《书》《礼》《乐》者，邹鲁之士⑥、搢绅先生多能明之⑦。其数散于天下而设于中国者⑧，百家之学时或称而道之。

【注释】

① 醇天地：以天地为准。醇，借为“准”。② 本数：指上文所说的“以法为分，以名为表，以参为验，以稽为决，其数一二三四是也。”③ 末度：指根据本数所制定的各种具体制度及措施。④ 六：六合，指上下四方空间。四：四时，春夏秋冬四季，指时间。⑤ 数度：即上文所言本数末度，其中主要为法制。⑥ 邹鲁之士：指儒士。邹：孟子的故乡。鲁：孔子故乡。邹鲁喻指文化昌盛之地。⑦ 搢绅：也指儒士。搢，笏。绅，衣带，为儒士服饰。⑧ 数：学术，这里指古代的学术。设：施。

天下大乱，贤圣不明，道德不一。天下多得一察焉以自好。譬如耳目鼻口，皆有所明①，不能相通。犹百

家众技也，皆有所长，时有所用，虽然，不该不遍，一曲之士也。判天地之美，析万物之理，察古人之全②。寡能备于天地之美，称神明之容。是故内圣外王之道③，闇而不明④，郁而不发，天下之人各为其所欲焉以自为方⑤。悲夫，百家往而不反，必不合矣！后世之学者，不幸不见天地之纯、古人之大体，道术将为天下裂。

【注释】

① 明：明白、知道，如耳朵明白声音，鼻子知道气味等。② 察：借作"粲"，散的意思。③ 内圣外王：自身具有神智（"神"）的为圣人，故称内圣；对外能发挥明慧（"慧"），因而能治国平天下的为王，故称外王。④ 闇：同"暗"。⑤ 方：方术。

二

不侈于后世①，不靡于万物，不晖于数度②，以绳墨自矫，而备世之急。古之道术有在于是者，墨翟、禽滑厘闻其风而说之③。为之大过④，已之大顺⑤。作为《非乐》⑥，命之曰《节用》⑦。生不歌，死无服。墨子泛爱兼利而非斗，其道不怒。又好学而博，不异，不与先王同，毁古之礼乐。

【注释】

①"不侈"句：意为不以奢侈影响后世，侈作动词。②"不晖"句：不使法制发出光辉，也即不夸大它对社会的

作用。③ 墨翟：姓墨名翟，春秋战国之际思想家，墨家学派创始人，提倡非攻、兼爱、非乐、节用的学说。现存《墨子》五十三篇，是墨翟及其后学所作。禽滑（gǔ）厘（lí）：墨翟弟子。闻其风：意为尚未接触到某一事物本身，只是从其所产生的影响中对它有所了解。风，指一个事物所产生的影响。④ 大：同“太”。⑤ 顺，通“甚”。⑥《非乐》：《墨子》篇名，批判统治者沉湎于音乐，妨碍生产，不利于社会的发展。⑦《节用》：《墨子》篇名，批判统治者奢侈享乐的生活，提出“去无用之费”。

黄帝有《咸池》①，尧有《大章》，舜有《大韶》，禹有《大夏》，汤有《大濩》，文王有《辟雍》之乐，武王、周公作《武》。古之丧礼，贵贱有仪，上下有等。天子棺椁七重，诸侯五重，大夫三重，士再重。今墨子独生不歌，死无服，桐棺三寸而无椁，以为法式。以此教人，恐不爱人；以此自行，固不爱己。未败墨子道②。虽然，歌而非歌，哭而非哭，乐而非乐，是果类乎③？其生也勤，其死也薄，其道大觳④。使人忧，使人悲，其行难为也。恐其不可以为圣人之道，反天下之心。天下不堪。墨子虽独能任，奈天下何！离于天下，其去王也远矣！

【注释】

①《咸池》《大章》《大韶》《大夏》《大濩》《辟雍》《武》：都是古代乐曲的名称。②“未败”句：言墨子学说虽然苛刻，但在当时很流行，并未衰败。③ 类：近，这里指与人的本性相近。④ 觳（què）：苛刻。

墨子称道曰："昔禹之湮洪水、决江河而通四夷九州也①，名川三百，支川三千，小者无数。禹亲自操橐耜而九杂天下之川②。腓无胈③，胫无毛④，沐甚雨，栉疾风⑤，置万国。禹大圣也，而形劳天下也如此。"使后世之墨者，多以裘褐为衣，以跂蹻为服⑥，日夜不休，以自苦为极，曰："不能如此，非禹之道也，不足谓墨。"

【注释】

① 四夷九州：四夷，边远蛮荒地区，指四方。九州，古时中原的行政区域，相传是禹治水后划定。② 橐(tuó)：盛土的工具。耜(sì)：挖土的工具。九杂：汇合。九，通"鸠"，聚合。杂，假作"集"。③ 腓(féi)：小腿肚。胈(bá)：肉。④ 胫(jìng)：小腿。⑤ 栉(zhì)疾风：言被风吹刮。栉，梳头发。⑥ 跂(qí)：通"屐"，木屐。蹻(jué)：草鞋。

相里勤之弟子①，五侯之徒，南方之墨者苦获、已齿、邓陵子之属，俱诵《墨经》，而倍谲不同②，相谓别墨。以"坚白"、"同异"之辩相訾③，以觭偶不仵之辞相应④，以巨子为圣人⑤。皆愿为之尸⑥，冀得为其后世，至今不决。

墨翟、禽滑厘之意则是，其行则非也。将使后世之墨者，必自苦以腓无胈、胫无毛相进而已矣。乱之上也⑦，治之下也。虽然，墨子真天下之好也，将求之不得也，虽枯槁不舍也，才士也夫！

【注释】

① 相里勤、五侯、苦获、已齿、邓陵子：皆墨派学者。

五：通“伍”。② 倍谲：相反，相矛盾。倍，背。谲，异。③ 訾(zǐ)：诋毁。④ 觭(jī)偶不仵(wǔ)：觭，通“奇”。仵，合。奇偶之辩是当时名辩的重要论题。⑤ 巨子：墨派团体的首领。⑥ 尸：古代举行祭祀时，由一个人模拟祭祀对象，以接受祭祀，称为尸。此处的“尸”指模拟者。⑦“乱之”二句：言墨家在乱世，其人为上品，其道为上乘；在治世，其人为下品，其道为下乘。

三

不累于俗，不饰于物，不苟于人[①]，不忮于众[②]，愿天下之安宁以活民命，人我之养毕足而止，以此白心。古之道术有在于是者，宋钘、尹文闻其风而悦之[③]。作为华山之冠以自表[④]，接万物以别宥为始[⑤]。语心之容，命之曰“心之行”。以聏合欢[⑥]，以调海内。请欲置之以为主。见侮不辱，救民之斗[⑦]，禁攻寝兵，救世之战。以此周行天下，上说下教。虽天下不取，强聒而不舍者也[⑧]。故曰：上下见厌而强见也。

【注释】

① 苟：苛之误。② 忮(zhì)：违逆。③ 宋钘、尹文：战国时思想家。宋钘，又名宋轻、宋荣、宋荣子，与尹文齐名，同游稷下。《汉书·艺文志》载《宋子》十八篇，在小说家，不传；载《尹文子》一篇，在名家。现存《尹文子》上、下篇，疑系后人伪托。④“作为”句：华山陡削，上下均平，故制成华山状的帽子，上下一样大，以象征自己提倡平均的主张。

⑤ 宥：通"囿"，界限。⑥ 聏（ér）：调和的意思。⑦ 救：使之免。⑧ 强聒（guō）：硬是吵嚷。

虽然，其为人太多，其自为太少，曰："请欲固置五升之饭足矣①，先生恐不得饱。""弟子"虽饥②，不忘天下，日夜不休，曰："我必得活哉！"图傲乎救世之士哉③！ 曰："君子不为苛察④，不以身假物。"以为无益于天下者，明之不如已也。 以禁攻寝兵为外，以情欲寡浅为内。 其小大精粗⑤，其行适至是而止。

【注释】

①"请欲"二句：说明上文"其为人太多，其自为太少"。"先生"是对于给他们饭吃的人的尊称。② 弟子：这一派的人对别人尊称为先生，自己则谦称为"弟子"。③ 图傲：高大的样子。④ 苛察：以烦琐苛刻为明察。⑤"其小"句：言宋、尹的主张仅此而已，还未进入大道的领域。小：指一身而言；大：指救世而言；精：指心而言；粗：指行为而言。

四

公而不党①，易而无私，决然无主，趣物而不两②，不顾于虑，不谋于知，于物无择，与之俱往，古之道术有在于是者。 彭蒙、田骈、慎到闻其风而悦之③。 齐万物以为首，曰："天能覆之而不能载之，地能载之而不能覆之，大道能包之而不能辩之④。"知万物皆有所可，有所不可，故曰："选则不遍⑤，教则不至，道则无遗者矣。"

【注释】

① 党:阿党、偏私。② 趣:同“趋”。不两:无二心,这里是不动摇、不首鼠两端的意思。③ 彭蒙、田骈、慎到:战国时哲学家,都曾在齐国稷下学宫讲学,被称为稷下学派。④ 辩:通“辨”。⑤“选则”三句:带着成见去选择,必有所淘汰,故说不遍。用自己的主见去教导别人,必然带有片面性,有所遗漏,故说不至。只有道顺应自然,无为无不为,包容一切无所遗漏。

是故慎到弃知去己,而缘不得已,泠汰于物①,以为道理。曰:“知不知,将薄知而后邻伤之者也②。”谿髁无任③,而笑天下之尚贤也;纵脱无行,而非天下之大圣。椎拍輐断④,与物宛转,舍是与非,苟可以免。不师知虑,不知前后,魏然而已矣⑤。推而后行,曳而后往。若飘风之还,若羽之旋,若磨石之隧,全而无非,动静无过,未尝有罪。是何故?夫无知之物,无建己之患,无用知之累,动静不离于理,是以终身无誉⑥。故曰:“至于若无知之物而已,无用贤圣,夫块不失道。”豪杰相与笑之曰:“慎到之道,非生人之行,而至死人之理⑦。”适得怪焉。

田骈亦然,学于彭蒙,得不教焉⑧。彭蒙之师曰:“古之道人,至于莫之是莫之非而已矣。其风窢然⑨,恶可而言?”常反人,不见观,而不免于魭断⑩。其所谓道非道,而所言之韪不免于非⑪。彭蒙、田骈、慎到不知道。虽然,概乎皆尝有闻者也。

【注释】

① 泠(líng)汰:放纵听任。② 薄:迫。邻伤:蹸伤,毁伤。邻,通"蹸"。③ 謑(xǐ)髁(kē):闲散懈惰。④ 椎拍:椎,通"推"。推拍,顺随的意思。輐(yuǎn)断:没有棱角。句谓顺随旋转。⑤ 魏然:独立的样子。魏,通"巍"。⑥"是以"句:此句也是阐述其何以能"动静无过,未尝有罪"的原因。在慎到等人看来,有人称誉也会带来祸患。⑦ 至:善,这里作动词用。⑧ 不教:不言之教,即心传。⑨ 风:教化,这里是熏陶的意思。窢(xū)然:逆风声。这里借风声比喻教化的迅速无形。⑩ 免:归。魭断:即輐断。⑪ 韪:是。

五

以本为精,以物为粗,以有积为不足,淡然独与神明居①。古之道术有在于是者,关尹②、老聃闻其风而悦之。建之以常无有③,主之以太一④,以濡弱谦下为表,以空虚不毁万物为实。

【注释】

①"淡然"句:意谓心地淡泊独与大道为一体,不受外物牵累。② 关尹:相传为春秋时道家,曾为函谷关尹(官名),一说姓尹名喜。《汉书·艺文志》道家类载《关尹子》九篇。现存《关尹子》为后人伪托。③"建之"句:谓学说建立在"常无""常有"的理论基础上。老子的理论是从对"有""无"两种现象的研究出发的。④ 太一:至高无上的道。

关尹曰："在己无居[1]，形物自著[2]。其动若水，其静若镜，其应若响。芴乎若亡[3]，寂乎若清。同焉者和，得焉者失。"未尝先人而常随人。老聃曰："知其雄[4]，守其雌，为天下谿；知其白[5]，守其辱，为天下谷。"人皆取先，己独取后，曰受天下之垢[6]；人皆取实，己独取虚，无藏也故有余。岿然而有余[7]。其行身也，徐而不费，无为也而笑巧。人皆求福，己独曲全，曰苟免于咎。以深为根，以约为纪，曰坚则毁矣，锐则挫矣。常宽容于物，不削于人[8]，可谓至极。关尹、老聃乎，古之博大真人哉！

【注释】

① 在己无居：即无居于己，不执着于自己，因而心中无成见、无物欲，心地清澈明净。② 形物：指事物的形状条理。著：昭著，明显。③ 芴乎若亡：恍惚若无。芴，通"惚"。亡，通"无"。④"知其雄"三句：语出《老子》。雄代表刚强，雌代表柔弱。谿，同"溪"，以溪流比喻柔弱。⑤"知其白"三句：语出《老子》。白代表明亮，辱代表暗昧。以山谷比喻卑下空虚，能容纳一切。⑥ 垢：通"诟"，耻辱。⑦ 岿然：山高大的样子，形容充足有余。⑧ 削：侵削。

六

寂漠无形[1]，变化无常，死与生与，天地并与，神明往与。芒乎何之？忽乎何适？万物毕罗，莫足以归。古之道术有在于是者，庄周闻其风而悦之。以谬悠之说，荒唐之言，无端崖之辞，时恣纵而不傥，不以觭见之也[②]。以天下为沉浊，不可与庄语，以卮言为曼衍[③]，以重言为真[④]，以寓言为广。独与天地精神往来，而不敖倪于万物[⑤]。不谴是非，以与世俗处。其书虽瑰玮，而连犿无伤也[⑥]。其辞虽参差，而諔诡可观[⑦]。彼其充实，不可以已。上与造物者游，而下与外死生、无终始者为友。其于本也，弘大而辟，深闳而肆；其于宗也，可谓稠适而上遂矣[⑧]。虽然，其应于化而解于物也，其理不竭，其来不蜕[⑨]，芒乎昧乎，未之尽者。

【注释】

①“寂漠”九句：这九句都是对“道”的描绘。芒：通“恍”。之：往。忽：通“惚”。适：往。② 觭(jī)：假为“奇”。③ 卮言：针对不同对象而富于变化之言。曼衍：即“漫衍”，散漫流衍，不拘常规。④ 重言：以引征古人或他人的话来增强说服力，为人所推重的话。⑤ 敖倪：即“傲睨”，轻视。⑥ 连犿(fān)：宛转的样子。⑦ 諔(chù)诡：奇异。⑧ 稠(tiáo)适：调和。稠，通“调”。⑨ 蜕：通“脱”，离。

七

惠施多方，其书五车[①]，其道舛驳[②]，其言也不中。历物之意[③]，曰：“至大无外[④]，谓之大一；至小无内，谓之小一。无厚[⑤]，不可积也，其大千里。天与地卑[⑥]，山与泽平。日方中方睨[⑦]，物方生方死。大同而与小同异[⑧]，此之谓‘小同异’；万物毕同毕异[⑨]，此之谓‘大同异’。南方无穷而有穷[⑩]，今日适越而昔来[⑪]，连环可解也[⑫]，我知天下之中央，燕之北、越之南

是也⑬。泛爱万物，天地一体也。”

【注释】

① 其书五车：形容惠施著述丰富。② 舛（chuǎn）驳：舛，差错。驳，杂乱。③ 历：分析量度。④ “至大”四句：谓最大的东西包罗一切，没有任何事物在它的范围之外，这就是无穷大。最小的东西不能包容任何事物，所以说无内，这就是无穷小。一：至极。⑤ “无厚”三句：无厚，指抽象的平面。平面没有体积，但有面积。其大千里，指平面的无限延伸。⑥ “天与”二句：说明高低是相对的，从不同角度去看，天和地一样低，大山和水泽一样平。卑：低下。⑦ “日方”二句：从时间长流的观点来看，事物无时无刻不在变化。⑧ “大同”二句：从逻辑上说，每类事物都有共同的性质，这是大同。每类事物中不同种属又各有自己的共同性质，这是小同。⑨ “万物”句：客观世界是物质的，物质世界是统一的，都有共同的性质，所以说毕同。物质世界又是多样的，具体事物都有自己的特性，所以说是毕异。⑩ “南方”句：言空间的相对性。方向是可以无限延伸的，所以说“南方无穷”，就某一范围来说，南方是有止境的，所以说有穷。⑪ “今日”句：言时间的相对性。今天所谓昔，正是昨天所谓今。今天所谓今，明天就成为昔。今昔是可以互相转化的。所以，从今天的角度说，是“今日适越”，而从明天或更后几天的角度看，就成为“昔来”了。⑫ “连环”句：连环本身不可解，但当它毁坏的时候，就可以解了，连环存在的时候，也就是它开始毁坏的时候。《战国策》载：有人请齐威王后解玉连环，齐威王后打碎玉连环，说连环

解开了。⑬“我知”句：言方位的相对性。宇宙可以无限延伸，因此任何一个方位都可以说在中央。

惠施以此为大，观于天下而晓辩者，天下之辩者相与乐之。卵有毛[①]；鸡三足[②]；郢有天下[③]；犬可以为羊[④]；马有卵[⑤]；丁子有尾[⑥]；火不热[⑦]；山出口[⑧]；轮不蹍地[⑨]；目不见[⑩]；指不至[⑪]，至不绝；龟长于蛇[⑫]；矩不方[⑬]，规不可以为圆；凿不围枘[⑭]；飞鸟之景未尝动也[⑮]；镞矢之疾而有不行不止之时[⑯]；狗非犬[⑰]；黄马骊牛三[⑱]；白狗黑[⑲]；孤驹未尝有母[⑳]；一尺之捶[㉑]，日取其半，万世不竭。辩者以此与惠施相应，终身无穷。

【注释】

①卵有毛：谓蛋里含有成为羽毛动物的可能性。②鸡三足，鸡足之实为二，鸡足之名为一，名与实合为三。③郢有天下：郢是楚国的都城，本是天下的一部分，就空间不可分割而言，郢也可以称为天下。④“犬可”句：犬、羊的名称是人取的，约定俗成。如把犬叫作羊，犬也就成了羊。⑤马有卵：马是胎生动物，但与卵生动物同属动物，所以可说马有卵。⑥丁子有尾：丁子，蛤蟆，楚人称为丁子。蛤蟆由蝌蚪变化而来，蝌蚪有尾，故说丁子有尾。⑦火不热：热是人的主观感觉，火本身并不是热。⑧山出口：出当为有。谓山有回响，像有嘴巴发声一样。⑨轮不蹍地：车轮转动时，只有一点接触地面，整个车轮不会同时着地，故说轮不蹍地。⑩目不见：只有眼睛看不到东西，还须靠光线及精神作用。⑪“指不”句：意谓概念和客观事物不能完

全相称，即使有所相称也不能绝对穷尽。这里的“指”，指事物的概念。⑫ 龟长于蛇：言长短大小的相对性。《齐物论》说：“天下莫大于秋豪之末，而太山为小；莫寿于殇子，而彭祖为夭。”两者命题相同。⑬“矩不”二句：言方和圆都不是绝对的，即“指不至，至不绝”的意思。⑭ 凿不围枘(ruì)：凿，安榫的凿孔，今叫卯眼。枘，榫头。句谓枘与凿不能完全贴合，比喻事物不可能绝对相同。⑮“飞鸟”句：这条辩论，是用形而上学的观点解释运动。运动是在空间和时间的连续中进行的，但把空间和时间分割为最小单位，则运动的物体在某一时间停留在某一空间的点上，所以说是静止不动的。景：通“影”。⑯“镞矢”句：这个论题认识到运动是一个物体于同一时间在一个地方又不在一个地方，动和静是对立的统一。镞矢：箭头。⑰ 狗非犬：大的叫犬，小的叫狗，大小不同，所以说狗非犬。⑱“黄马”句：此命题与“鸡足三”类似。黄马、骊牛合起来是一个集合概念，分开是两个概念，加起来是三个概念。骊：黑色。⑲ 白狗黑：白狗不是纯白，身上也有黑色，如眼睛。⑳“孤驹”句：这是个偷换概念的诡辩。意谓孤驹是丧母之驹，丧母就是无母，无母就是从来没有母亲，把失去母亲与从来没有母亲等同起来。㉑“一尺”句：此命题说事物是可以无限分割的。把一尺长的棍子，今天取一半，明天取一半的一半，可以一直取下去而没有穷尽。

桓团、公孙龙辩者之徒①，饰人之心，易人之意，能胜人之口，不能服人之心，辩者之囿也。惠施日以其知与人之辩，特与天下之辩者为怪，此其柢也②。

然惠施之口谈，自以为最贤，曰：“天地其壮乎！”施存雄而无术。南方有倚人焉曰黄缭[3]，问天地所以不坠不陷，风雨雷霆之故。惠施不辞而应，不虑而对，遍为万物说，说而不休，多而无已，犹以为寡，益之以怪。以反人为实，而欲以胜人为名，是以与众不适也。弱于德[4]，强于物，其涂隩矣。由天地之道观惠施之能，其犹一蚊一虻之劳者也。其于物也何庸[5]。夫充一尚可，曰愈贵道，几矣！惠施不能以此自宁，散于万物而不厌，卒以善辩为名。惜乎惠施之才！骀荡而不得，逐万物而不反，是穷响以声，形与影竞走也。悲夫！

【注释】

① 桓团、公孙龙：桓团，赵国辩士。《列子·仲尼》作韩团。公孙龙，赵人，曾为平原君门客，战国时名辩学派的代表人物，提出坚白异同之论，影响很大。《汉书·艺文志》名家中有《公孙龙子》十四篇，现存六篇。② 柢：通“氐”，大略。③ 倚人：即畸人，异人。黄缭：楚国辩士。④ “弱于”三句：谓轻视道德修养，努力追逐外物，舍本逐末走入歧途。涂：通“途”，道路。隩(ào)：深曲。⑤ 庸：同“用”。

【翻译】

一

天下研究方术的人真多啊，这些人都以为他自己的学说达到无以复加的顶峰了。那么，古代的所谓道术，究竟在哪儿呢？回答是：“无处不在。”若问：“神智自何处降临？

明慧是怎么发挥出来的?”回答是:“体现‘神’的圣有它降生的由来,发挥‘明’的王有它成就的由来,它们都是从道那儿来的。”

不脱离道的根本,这种人称为天人;不脱离道的精微,这种人称为神人;不脱离道的真谛,这种人称为圣人。以天为主宰,以德为根本,以道为门户,能在事物的变化之前看出其征兆,这种人称为圣人。用仁慈的思想来施恩,用道义的标准来分辨事理,用礼的规范来行动,用音乐来求和谐,外貌温厚慈爱,这种人称为君子。根据法度来确定名分,以名号作为标志,根据比较来取得验证,根据考核来作出决定,这就好像数一二三四那样明白,百官都依据这些原则来排列序位。以从事各种重要事务作为永恒的准则,以丰衣足食为主要目标,以生产储藏为关心之事,体贴老弱孤寡,使他们都能得到抚养,这就是平民所认定的真理。

古代的人在上述这些方面是很完备的吧!他们配合神明,效法天地自然,养育万物,天下和谐,恩泽遍及所有的百姓,明白本数,并据以制定具体的制度,六合通达,四时顺畅,无论事物的小大精细,他们的作用到处都能显示出来。上述这些体现在法制方面的,在旧时的法典和世代相传的史书中还保存了很多。它体现于《诗》《书》《礼》《乐》等经典上的,邹鲁的学者和绅士们大多能明晓,有些古代的学术已散失于天下而在中国曾经施行过的,百家的学派中有人还时常称引赞美。

等到天下大乱,圣贤的作用隐晦不明,道德的标准混乱不一。天下大多数人仅得到一枝一节就洋洋自得。譬如耳目鼻口，都有各自的功能，不能彼此代替通用。犹如百家学说各种技艺，都有各自的特长，在一定的时候都能发挥自己的作用，虽然如此，但其所掌握的都不完整、不全面，只是偏执一端的孤陋寡闻的人罢了。这种人割裂天地的美，离析万物的常理，分解古人道术的整体。很少有人能够完全具有天地的美，跟神智、明慧的内容相称。所以内圣外王的道术暗淡不明，郁结而不能发挥，天下的人都各自做他们自己所想做的事，并且根据自己的主张建立起一门学派。可悲啊！百家各走各的道路却不愿回头，势必不能与古人的道术符合了！后世的学者，不幸见不到天地的完整性、古人的整体面貌，道术将要被天下百家的私见割裂得支离破碎了。

二

不以奢靡影响后世，不以万物供侈靡之用，不夸大法制的作用，用严正的规范来要求自己，从而准备应付当世的急难。古代道术有体现在这方面的，墨翟、禽滑厘听到这些有关情况就很喜欢。但是他们所要实行的太过分，所要节止的也太过头了。他们写了《非乐》篇，还写了另一篇文章命名为《节用》。他们提倡活着的时候不要唱歌奏乐，死了以后也不用衣冠厚葬。墨子主张博爱民众、兼利全民，反对战争，他的原则是要人们不互相怨怒，他又勤奋好学、见闻广博，他不标新立异，但又不求与先王相同，主张毁弃古代的礼乐。

黄帝有《咸池》乐曲，尧有《大章》乐曲，舜有《大韶》，禹有《大夏》，汤有《大濩》，文王有《辟雍》乐曲，武王、周公创作了《武》。古代的丧礼，贵贱都有一定的礼仪，上下有等级的差别。天子的棺椁有七层，诸侯的棺椁有五层，大夫的棺椁有三层，士的棺椁只有两层。现在墨子独独主张活着的时候不要歌唱奏乐，死了以后也不用衣冠厚葬，只用三寸厚的桐木棺材，并且没有外椁，把这些作为应该遵守的法规。墨子用这些主张去教导别人，恐怕不能算是爱人；将这些主张由自己来实行，实在是不爱护自己。墨子的学说尚未败落。虽然如此，但当人们需要歌唱时他反对唱歌，需要哭泣时他反对哭泣，需要奏乐时他反对奏乐，这果真与人性相近吗？活着的时候要勤苦，死了要薄葬，他的学说太苛刻了，使人忧愁，使人悲哀，实行起来是很难办到的。恐怕他的主张不能成为圣人之道，因为它违反天下人的心愿，为天下人所不堪。墨子虽然独自能做到，但他能把天下人怎么样呢？与天下人相背离，离开王道也就很远了。

墨子称引、赞扬说："从前禹的消灭洪水、疏导江河而沟通四夷九州，共疏导著名的大河三百，支流三千，小河无数。禹亲自手执筐锹而使洪水汇聚于天下的河川。弄得自己腿肚子干枯无肉，小腿上汗毛磨尽，给他冲洗身体的是暴雨，给他梳理头发的是狂风，终于设立了万国。禹是个大圣人，却为了天下使身体遭受这样的劳苦。"所以，他让后来的墨者，都用羊皮粗布做衣服，脚穿木屐草鞋，日夜劳作不停，把劳苦自己当作最高准则，说："不能这样做，就不合禹的道，称不上墨者。"

相里勤的弟子，伍侯的门徒，南方的墨者苦获、已齿、邓陵子一派，都诵读《墨经》，但是互有矛盾、差别，不相一致，彼此斥责对方是墨家中的旁门左道。他们用“坚白”、“同异”的争辩彼此诋毁，用奇偶不合之说为武器互相应对。把本派的巨子当作圣人，都愿意做他的模拟者，希望成为他的继承人，至今仍纷争不决。

墨翟、禽滑厘的心意是对的，他们的行为却不对。这将使后世的墨者势必劳苦自己，以腿肚子没有肉、小腿上汗毛磨尽来相互竞争，如此而已。这在乱世固然很好，在世道太平的时候就落入下层了。虽然这样，墨子是真心爱天下的，及至追求自己的理想未能成功，他尽管已劳累得形容枯槁也不放弃自己的追求，真是个有才能的志士啊！

三

不受世俗的牵累，不因外物矫饰失真，不去苛求别人，不违逆众人的意愿，只希望天下安宁以保全人民的生命，别人和自己的生活条件都能满足就够了，用这些来表明自己心无奢望。古代道术有体现在这方面的，宋钘、尹文听到了这些有关情况就很爱好。他们做成华山形状的帽子来表示自己的主张，应接万物以打破界限、一视同仁为首务。他们谈论心灵的思维活动，写成名为《心之行》的文章。他们主张以柔顺的态度来使彼此喜欢，调和海内的种种矛盾，并希望把这些作为大家的共同主张。他们遭受欺侮而不视为耻辱，旨在消除人民间的争斗，制止攻伐平息干戈，旨在消除世间的战争。他们怀抱这种主张周游天下，对上向诸侯游说，对下则加以教导。即使天下人不愿意采纳，他们还是强自聒絮，不肯停止。所以说，上上下下的人都厌烦他们了，他们却还是硬要去见。

尽管如此，他们为别人的太多，为自己的太少，他们对别人说："请姑且为我准备五升米的饭就足够了，先生您自己恐怕平时也吃不饱。""弟子"们虽然挨着饿，仍然不忘天下，日夜辛劳不息，说："我一定要救活他们啊！"多么高大的救世之士呵！他们说："君子不做苛察的事，不因自己而利用外物。"他们认为对于天下人没有益处的事情，就明确表示不如停下来不做。他们把禁止攻伐平息干戈作为其对外的活动，把减少、削弱情欲作为内在的修养。他们学说的小大精粗的程度，以及他们的行为实践，也正好达到了"以禁攻寝兵为外，以情欲寡浅为内"这一步罢了。

四

公正而不偏袒私党，平易而无私心，依理决断而不先入为主，随物变化而毫不动摇，没有顾虑，不求智巧，对事物没有主观好恶的选择，参与万物的变化活动。古代道术有体现在这方面的。彭蒙、田骈、慎到听了这些有关情况就很爱好。他们以齐同万物为首务，说："天能覆盖万物而不能承载万物，地能承载万物而不能覆盖万物，大道能包容万物却不能分辨万物。"知道万物都有其肯定一面，也都有其否定的一面。所以说："有所选择就不能周全，施以教诲就不能遍及，只有循道而行才能包容一切无所遗漏。"

所以慎到摒弃智谋，排除自我，而顺随无可违抗的自然变化，听任事物的自由发展，以此作为他的学说的原则。他说："要知道不可知道的事物，就一定会迫于求知而伤害自己！"他懈惰闲散不求专能，而嘲笑天下的推崇贤能；放纵轻脱，行为无所顾忌，而非难天下的大圣人。他委曲随顺，与万物推移变化；舍弃是非界限，但求苟免于世。他不用智谋，不知瞻前顾后，巍然独立在世界上罢了。他被人推后才行走，被人拖着才前进，像飘风一样来回无常，像羽毛一样飘旋不定，像磨石一样转动不停，保全了自己而不受责难，动静适度而没有过失，从不曾有罪被责。这是什么缘故？那些没有知识的事物，没有立身的忧患，没有运用智谋的重累，动或静都不违背自然之理，所以终身没有人称誉。所以说："做到像没有知觉的东西那样罢了，用不得什么圣贤。那土块也没有背离道。"豪杰们互相讥笑他说："慎到的学说，非难活人的行为，而推崇死人的道理，只足以显出他的怪诞。"

田骈也是如此。他向彭蒙学习，得到了"不教"的学说。彭蒙的老师说："古代得道的人，只是达到没有是、没有非的境界罢了。他的熏陶寂然无形，怎么可以用语言来表达？"因这种学说经常违反人情，不受人们的赞赏，因而不符合他们随顺事物的主张。他们所说的道并不是真正的道，所说的是还是免不了转化为非。彭蒙、田骈、慎到等人并不懂大道。不过，他们或许还都曾经听到过道的大概。

五

以根本的大道为精纯，以物为粗杂，以有积蓄为不足，淡泊地独与神明造化共处。古代的道术有体现在这方面的。关尹、老聃听到了有关情况就很爱好。他们的学说建立在"常无"、"常有"的理论基础之上，以"太一"作为核心，把软弱谦下作为道的外在表现，把空虚无为不伤害万物作为其实质。

关尹说："自己不存主观成见，保持心地清澈明净，有形体的事物就自然会显示得清清楚楚。行动时如流水的柔顺，静止时如明镜朗照，反映外界事物时如回响随声。恍恍惚惚好像一切皆无，静静寂寂有如清虚。与万物齐同就能和谐，如想得到什么就会亡失。"他从来不争胜抢先，而是经常随顺别人。老聃说："知道事物的雄强一面，安守着雌伏的地位，成为天下细小的溪流；知道事物的明亮一面，安守着暗昧的处境，成为天下深幽的山谷。"人人都抢先，唯独他自愿居后，说是要承受天下的屈辱。人人都要取得实有的东西，唯独他自愿求取空虚，由于没有收藏而觉得有余——像巍巍高山那样充足有余。他的立身行事，舒缓从容而不耗费精神，无所作为而嘲笑巧诈。人人都追求幸福，唯独他自愿委曲求全，说是只求免于祸患。他以深藏作为德行的根本，以俭约作为行动的纲纪，说是坚硬的东西容易毁坏，尖锐的东西容易挫折。他对于万物时常抱着宽容的态度，而对于别人不加以侵削，可说是达到了登峰造极的地步了。关尹、老聃啊，可真是古代博大的真人啊！

六

虚静而无形迹，变化又无常规，死啊生啊，与天地并存啊，与神明共往啊！渺渺茫茫地往哪儿去呢？恍恍惚惚地去向何方？包罗万物，但它本身却不知归向何方。古代道术有体现在这方面的，庄周听到了有关情况就很喜爱。他用的是内容虚幻深远的话语、夸张难测的议论、不着边际的言辞，时常恣肆放纵而不受拘束，但不是要显示奇异。他认为天下是沉浊的，不能与别人严肃庄重地谈话，所以用不拘一格的语言来随意发挥，用引征古人或他人的论说来增强说服力，用虚构假托的言辞来开拓广阔的联想。他独自在思想上与造化妙理交往，但不傲视万物。他不去追究别人的是和非，与世俗混同相处。他的著述虽然奇特雄伟，却叙述宛转不致刺伤读者。他的言辞虽然难免前后参差不一，却奇异可观。他内心充实饱满，所以下笔欲罢不能。他上与造物者结伴遨游，下与超脱生死忘怀始终的人交朋友。他论述道的根本，博大通达，深远广漠；论述道的宗旨，可说是和谐妥帖而上达至顶点。虽然如此，他在顺应自然变化、解脱物情束缚方面，并没有把道理都讲完，其渊源虽不离道的根本，但他道理的变化渺茫冥昧，人们很难完全理解它的旨趣。

七

惠施的学说是多方面的，他的著作可以装满五辆车，讲的道理驳杂不纯，言辞也不中肯恰当。他分析事物的含义，说："大到极点就没有外围，这就叫'大一'，小到极点就没有内核，这就叫'小一'。没有厚度的平面，不可积累成体积，却可以任意扩展到千万里。天和地一样低，山和泽一样平。太阳刚刚正中的时候也正是开始偏斜的时候，事物刚刚出生的时候也正是走向死亡的时候。万物的大类别和各自的小类别之间的差异，这就叫'小同异'；万物在本质上完全相同的特性和各个具体事物的特性之间的差异，这就叫'大同异'。南方既没有尽头又有尽头，今天到越国去而以前就已抵达，连环可以解开，我知道天下的中心在燕国的北面、越国的南面。博爱万物，天地万物本来就是大同齐一的整体。”

惠施认为这些都是博大精深的道理，把这些道理显示于天下，让辩士都知晓，天下的辩士全都为此而高兴。“蛋中有毛；鸡有三只脚；郢城包括天下；犬可以是羊；马生蛋；蛤蟆有尾巴；火不热；山有嘴；车轮不着地；眼睛看不见东西；概念不能表达事物的实际，即使能表达也不能完全符合；龟比蛇长；矩不能画出方形；规不能画出圆形；凿与枘不能完全贴合；飞鸟的影子不曾移动；箭头疾飞却有不前进不停止的时候；狗不是犬；黄马和黑牛加起来是三个；白狗是黑的，孤驹从来没有母亲；一尺长的棍子，每日取一半，永远不能取尽。”辩士用这些论题与惠施相互呼应，终身辨析不完。

桓团、公孙龙这些辩士，蒙蔽别人的心智，改变别人的看法，虽然能胜过别人的口，却不能折服别人的心，这是辩士的局限。惠施每日运用他的机智与别人争辩，只不过与天下的辩士一起作怪，这是他们的大概情况。

然而惠施的口辩，自以为是最高明的，他说：“我在天地间算得上伟大了吧！”惠施虽有雄心却不知道术。南方有个奇人，名字叫黄僚，问天地之所以不坠落不塌陷、以及风雨雷霆形成的原因。惠施不加推辞就应对，不经考虑就回答，广泛地解释万物的原理，说个不停，滔滔不绝，还认为说得太少，再要加上怪异之说。他把违反人情常理的事情当作真实，想借此胜过他人来博取名声，因此与众人格格不入。他轻视道德修养，重视对外物的究析，他是走入歧途了呵！从天地自然的大道来看惠施的才能，就像蚊虫、牛虻的活动能力一样，对万物有什么用呢？他在具备某一方面的知识和才能上还算可以，要是他能进一步尊重大道，那就差不多了！惠施不满足于一家之说，分散心思研究万物而不厌倦，最终只不过以善辩成名。可惜啊，惠施的才能！他放荡辞辩而对道无所得，追逐万物而不能返璞归真，这和想用声音去止住回响，要让形体与影子赛跑一样，是多么可悲啊！

编 后 记

2011年我社出版了“古代文史名著选译丛书(134种)”,该丛书是由全国高校古籍整理委员会主持,汇集北京大学、复旦大学等十八所高校古籍所专家学者力量完成的一部高水平、高质量的传统文化普及读物。出版后也得到了读者认可,获得业内好评。

该丛书于2016年入选国家新闻出版广电总局评选的“首届向全国推荐中华优秀传统文化普及图书”名单。为了更好地传播优秀传统文化,我们从中精选了30种文史经典,重新修订、设计,作为珍藏版呈现给读者。

中华优秀传统文化不仅是中华民族的宝贵财富,也是中华民族的精神家园。凤凰出版社谨向为本丛书的编辑出版付出巨大心血的专家学者致以崇高敬意!

古代文史名著选译丛书（珍藏版）书目

书名	译注者	审阅者
论语注译	孙钦善	宗福邦
老子注译	张玉春　金国泰	安平秋
庄子选译	马美信	章培恒
孟子选译	刘聿鑫　刘晓东	黄　葵
荀子选译	雪　克　王云路	董治安　许嘉璐
诗经选译	程俊英　蒋见元	刘仁清
楚辞选译	徐建华　金舒年	金开诚
左传选译	陈世铙	董治安
史记选译	李国祥　李长弓　张三夕	安平秋
汉书选译	张世俊　任巧珍	李国祥
后汉书选译	李国祥　杨　昶　彭益林	许嘉璐
三国志选译	刘　琳	黄　葵
资治通鉴选译	李　庆	黄永年
文心雕龙选译	周振甫	黄永年
世说新语选译	柳士镇　钱南秀	周勋初
颜氏家训选译	黄永年	许嘉璐
陶渊明诗文选译	谢先俊　王勋敏	平慧善
李白诗选译	詹　锳等	章培恒
杜甫诗选译	倪其心　吴　鸥	黄永年
李商隐诗选译	陈永正	倪其心
王维诗选译	邓安生　刘　畅　杨永明	倪其心
苏轼诗文词选译	曾枣庄　曾　弢	章培恒
李清照诗文词选译	平慧善	马樟根
辛弃疾词选译	杨　忠	刘烈茂
王阳明诗文选译	吴　格	章培恒
唐才子传选译	张　萍　陆三强	黄永年
徐霞客游记选译	周晓薇　马雪芹　焦　杰	黄永年　马樟根
阅微草堂笔记选译	黄国声	安平秋
西厢记选译	王立言	董治安
聊斋志异选译	刘烈茂　欧阳世昌	章培恒